JN412003

하얀 밤에
까만 생각

하얀 밤에
까만 생각

박노욱 두번째 수필집

해암

| 수필집을 내면서 |

또 한 번 민폐를 끼친다. 농사 말고는 딱히 할 일이 없어 끄적거린 글들이라 행여 읽어줄 이들에게 송구하다는 말씀부터 드린다. 누가 보아도 고리타분한 이야기들이지만 그냥 썩히기가 아쉬워 용기를 냈다.

고추모종을 내고 보름쯤 되었다. 요소를 하고 나면 덩치를 키우고 새하얀 별꽃을 매단다. 뙤약볕 아래 몸집을 불리고 가을이면 텃밭 마당에 빨간 융단을 깔아준다. 그리고 들판은 휴식에 들어가며 내년 봄을 기다린다.

그리운 이들 만나기가 쉽지 않다. 해마다 한 살씩 더 먹으며 소식이 궁금하고 옛 이야기도 나누고 싶다. 생각나는 대로 쓴 글들이지만 잠시나마 마음이 통했으면 한다. 처음 만나는 이의 공감은 더 없는 기쁨이겠다.

비행가 한 대가 머리 위를 지나갔다. 햇빛에 반짝이며 또 다른 비행기가 대각선으로 날아간다. 제주도로 일본으로 모두가 바쁘다. 늦깎이 농부는 자연인 흉내를 낸다. 농사 지을 동안만이라도 가끔 대화를 나누고 싶다.

이천이십사 년 유월

진해 텃밭에서

| 차 례 |

1부 | 고등어와의 이별

2부 | 배신의 추억과 흔적

| 차 례 |

3부 | 하얀 밤에 까만 생각

4부 | 확률제로의 동행

5부 | 불사조의 최후

제1부

고등어와의 이별

선녀와 거머리

오장칠부 걱정

새신랑과 신병

가장 잘 한 일

이태리타월과 수세미

계곡인연

산 넘어 산

차라리 천적

딱 보면 안다

박노욱 두번째 수필집

고등어와의 이별

바깥에서 이상한 낌새가 난다. 밤이 이른데도 늦가을 텃밭이라 벌써 어둠이 깔렸다. 농막 안에 뽕짝을 틀어놓아 선명하지는 않지만 짐승들이 쫓고 쫓기는 소리가 틀림없다. 멧돼지와 고라니가 가끔 나타나긴 해도 오늘은 볼륨이 다르다. 고양이끼리 싸우거나 사랑하는 소리는 더욱 아니다.

문을 박차고 나가보니 예감이 들어맞았다. 집채만 한 들개 세 마리가 고양이를 공격했다. 들개 한 마리가 고양이를 입에 물고 흔들어대고 있다. 팔을 내질러도 도망갈 생각은 하지 않고 5~6미터 가량 떨어진 가까운 거리에서 나를 노려본다. 남의 집 마당까지 들어와서 주인 행세를 하려한다.

순간 공포와 흥분이 함께 몰려온다. 여섯 개의 파란 불빛이 마당에서 번뜩인다. 들개 입에 물려있는 자그마한 불빛 두 개가 애절하게 빛을 발하고 있다. 비겁하게 어둠 속에 숨은 침입자들은 윤곽만 흐릿하다.

상황이 긴박하다. 마침 농막입구 연장걸이에 걸려있는 호미 한 개를 집어 들었다. 고양이를 물고 있는 녀석을 향하여 힘껏 내던졌다. 명중이다. 물고 있던 고양이를 내려놓고 녀석들이 줄행랑을 친다. 땅바닥에 팽개쳐진 고양이 눈에서 빛이 서서히 사그라지는 모습을 지켜보는 건 괴로움 그 자체였다. 치대다 만 빨랫감처럼 헝클어지고 축 늘어진 주검을 보니 피가 거꾸로 치솟는다.

두 번 다시 비극은 막아야 한다. 호미 대신 손도끼를 농막입구에 비치했다. 미친개에게는 몽둥이가 약이라 했던가. 피 냄새를 맡은 녀석들이 밤사이에 다시 찾아올지 모른다. 밤새 한 번은 화장실 외출을 해야 하는 터라 나도 살 길을 찾아야 한다.

연장걸이에 걸려 있는 손도끼가 그나마 위안이 된다. 서부영화에서 인디언들의 도끼 던지는 장면을 흥미진진하게 보아둔 게 다행이다. 손도끼는 날 부분이 자루보다 무거워 가속도만 붙으면 대부분 도끼날이 먼저 목표를 가격한다. 와중에 나는 손목에 타박상까지 입었는데 녀석들이 어느 정도 당했는지는 알 길이 없다. 호미를 살펴보니 핏자국은 없다.

시신부터 수습해야했다. 농막 가까이로 옮기고 크고 작은 플라스틱 대야를 겹으로 덮고 벽돌로 눌러놓았다. 밤새 주검이라도 지켜야한다. 반딧불이도 사라진 시기라 사방은 쥐죽은 듯 고요하다. 손도끼를 들고 마당을 한 바퀴 돌며 경계를 한다. 자세를 잡고 한 쪽 눈을 가늘게 뜨며 조준도 해본다. 가시지 않은 흥분 탓인지 손이 떨린다.

괘씸하지만 살해나 중상을 입힐 생각은 없다. 한 번 피 맛을 본 녀석들은 같은 장소를 본능적으로 또 찾는다. 들판에는 할아버지 텃밭에 놀러오는 아이들이 있다. 아랫마을에는 혼자 살거나 밤나들이를 하는 노인들도 더러 있다. 나 역시 대중교통을 이용할 때는 텃밭에서 정류소까지 들개가 우글거리는 밤길을 한참 걸어야 한다. 겁이라도 주어 다시는 얼씬거리지 못하게 할 작정이다.

몇 해 전에도 들개사건이 있었다. 새벽에 일어나 농막을 나서니 들개들이 마당에 서성거렸다. 먹다 남은 고양이 먹이를 훔치러 온 것이다. 그 때도 세 마리였는데 꼬락서니가 말이 아니었다. 하나같이 비쩍 마르고 부스럼 덩어리를 달고 있어 보기만 해도 흉측했다.

오늘은 좀 다르다. 모두 방금 목욕을 한 것처럼 기름이 반지르르하고 목걸이까지 하고 있는 게 어둠 속에서도 직감적으로 느껴진다. 송아지만한 맹견들을 주인이 외출허락을 할 리 없다. 더구나 지금은 외출도 아니고 외박시간이다. 들개로 신분이 바뀐지 얼마 되지 않은듯하다.

당시 상황은 일찍 종료되었다. 들개가 자주 나타난다는 말이 떠돌다 마을사람들이 신고를 했다. 며칠 뒤 들판에서 총소리가 몇 번 울린 후부터는 녀석들이 사라졌다.

이번 녀석들은 다음날 아침에도 잠시 나타났다. 119에 신고를 하니 십여 분만에 현장에 출동한다. 이미 녀석들이 사라진 뒤라 당장 조치할 일은 없다. 몇 가지 사항을 일러준다. 또 나타나면 자극하지 말고 즉시 신고하란다. 올가미로 포획이 불가능하면 마취 총을 쓴다고 한다. '먹이를 주어 시간을 끌까요?' 라는 나의 우문에 현답을 한다. 다칠 수도 있으니 그냥 가만히 있으란다.

마침 고양이 애호가인 딸애가 텃밭을 찾은 날에 일어난 참사라 망연자실했다. 딸애가 받은 충격을 달래주어야 하는 게 급선무다. 주검을 깨끗이 씻고 햇볕에 말린 후 장례를 치렀다. 텃밭에서 가장 양지 바른 모과나무 옆 밭두렁위에 터를 잡았다. 뒤로 산이 있고 앞에는 바다가 바라보이는 배산임수에다, 좌우로 뻗어 내린 산줄기가 좌청룡 우백호라 길지 중에 길지라고 덕담을 주고받았다. 마지막 아내의 기도는 딸애의 마음을 진정시키는데 도움이 되었다.

비운의 주인공 이름이 '고등어'다. 텃밭 고양이 대부분이 검고 흰옷을 입었는데 몇 마리만 고등어 무늬를 하고 있다. 그 중에서 가장 고등어를 닮은 녀석이었다. 이제 막 어미로부터 독립한 사회초년생이다. 어려서인지 다른 녀석들보다 경계심이 적고 사람을 잘 따랐다. 오늘 낮에도 풀을 매고 있는 내 옆에 앉아 빤히 쳐다보거나 배를 하늘로 들추고 홀라당 재롱을 부리던 녀석이었다. 그 순간이 나와의 마지막 만남이라는 건 꿈에도 몰랐다. 친근한 성격이 화를 불렀으리라 생각하니 마음이 아프다.

어린 녀석이 얼마나 무서워했을까. 날이 새고 살펴보니 테이블 옆에서 참사가 벌어졌다. 농막 안에 뽕짝소리만 없었어도 녀석을 살릴 수 있었을 텐데. 자책감에 사로잡힌다. 산만한 덩치들에게 농막을 몇 바퀴나 돌며 쫓기다 살아남기 위해 몸부림을 친 흔적이 널브러져 있다. 메리골드 몇 그루가 망가져있고 떨어진 노란 꽃잎이 주변을 물들이고 있다. 내가 테이블을 자주 이용하는 걸 알고 해가 넘어갔는데도 행여나 주인을 만날까 혼자 나들이를 한 건 아닐까.

나를 슬프게 하는 녀석이 또 있다. 고등어와 한 배로 태어나 농막 안 공간에서 잠자리를 같이 하던 '꾸러기'가 풀이 죽어 있다. 미간에서 시작한 검은 무늬가 콧등을 지나 주둥이 바로 위에까지 덮고 있어 마치 찢어진 까만 마스크를 걸치고 있는 것 같다. 어찌 보면 개구쟁이 같고 달리 보면 심술쟁이라 하늘이 무너져도 심각하지 않을 녀석이 시무룩해 있으니 더욱 마음이 아프다.

인간세상도 마찬가지다. 천성이 순해 남을 의심하지 않고 주위와 잘 어울리는 사람이 화를 입는 경우를 가끔 본다. 성격이 간사하고 욕먹기를 밥 먹듯 하는 사람은 꺼삐딴 리처럼 위기를 잘도 피해간다. 장거리 여행을 할 때는 인간성이 괴팍한 친구 하나를 대동하라는 우스갯소리가 있다. 행인지 불행인지 내 주위에는 그런 친구가 없다.

몇 개월, 꽃 한 송이 피고 질 짧은 시간을 살다간 고등어다. 한없이 아쉽지만 그냥 사라진 게 아니라는 생각에 마음을 달랜다. 가족이 함께 마음 아파하고 서로를 달래주었다. 텃밭참사는 가족애를 실하게 해주고 내 삶을 돌아보게 했다.

졸지에 목숨을 잃은 고등어가 불쌍하지만, 인간에게 버림받은 들개들도 짠하다. 손도끼를 치우고 막대기 하나를 세워 놓았다.

선녀와 거머리

'열 번 찍어 안 넘어가면 백 번 천 번도 찍을 수 있어♪'

나는야 당신의 사랑의 나무꾼이라고 호소한다. 선녀가 마음을 주지 않아 애가 타는 모양이다. 열 번을 찍어도 끄떡없는 나무도 대단하지만, 백 번 천 번도 찍으리라는 나무꾼의 각오도 섬뜩하다.

세상이 달라졌다. '열 번 찍어 안 넘어가는 나무 없다'는 말은 어렵던 시절 최고의 격려였다. 속담과 똑같은 문구의 텔레비전 공익광고까지 있었다. 그 말을 가슴에 품고 심기일전하여 성공한 사람들도 부지기수다. 사법고시를 열 번 만에 합격한 사람이 있고, 손대는 사업마다 실패를 거듭하다 번듯한 중소기업 사장이 된 사람도 있다.

요즘은 '두세 번 찍어 안 넘어가는 나무는 그냥 두라'가 맞다. 식사나 술자리 제의에 세 번째 거절부터는 스토킹으로 보아야

한다는 어느 사회학자의 주장도 있다. 도끼날 무뎌지는 줄 모르고 계속 찍어대다 보면 스토커로 찍힌다. 속담이 원뜻과 달리 해석되어 씁쓰레하다. 시대의 흐름 탓이리라.

사랑하는 사람의 창가에서 부르는 세레나데가 있었다. 혼자 마음 졸이다 해저물기를 기다려 기껏 그의 집을 찾아 불 꺼진 창가에서 서성거리다 돌아서는 게 전부였다. 사모하는 마음이 사무쳤지만 낮에는 새가 볼세라 밤이면 쥐가 들을 세라 애를 태웠다. 애달픔이 깊어져 정신 줄을 놓는 비극도 더러 있었다.

예전과 달라진 게 또 있다. 냇가나 저수지에 그 흔하던 거머리가 사라졌다. 물에 발을 담그면 바람에 쫓기는 먹구름처럼 꾸역꾸역 몰려온다. 도랑이나 저수지에서 우렁이를 잡으려면 거머리와 동행해야 한다. 둠벙에라도 뛰어들면 거머리가 온몸을 공략한다. 눈이 잘 가지 않는 겨드랑이와 엉덩이도 좋아하지만, 물에 잠기는 시간이 상대적으로 긴 배꼽아래 전역은 거머리가 자기 집인 양 착각한다. 거머리가 아이의 항문으로 들어간다는 말은 그때도 믿지 않았다. 고추 끝에 거머리가 얄망스레 매달리는 경우가 있지만, 가장 예민한 부분이라 조기 퇴치가 가능해 문제가 되지는 않았다.

거머리같이 끈질긴 거머리도 있다. 사타구니나 항문 주변, 발가락 사이에 붙어 집까지 따라와서 잠들기 직전에야 발각된다. 간질간질한 부분이 있어 비몽사몽간에 짚어보면 영락없이 거머리다. 바로 손가락으로 긁어 마당에 내팽개친다. 끈적끈적한 피는 어머니가 방바닥을 훔치려고 머리맡에 놓아둔 물걸레로 한 번 쓱 닦고 잠을 청한다.

거머리는 애증이 엇갈린다. 거머리로 나쁜 피를 뽑아내는 전통의료법이 있었다. 얼마 전까지만 해도 치질치료를 하고 여드름을 가라앉혔다. 숙주에 달라붙은 거머리는 삼십분 이내에 몸무게의 열배에 해당하는 피를 빨고, 수개월을 아무것도 먹지 않고 버틴다. 집까지 따라오며 욕심을 부린 녀석은 몇 시간 만에 최후를 맞는다. 도끼자루 썩는 줄 모르고 빨아대다 제 제사상을 차린 것이다.

거머리에게는 미나리꽝이 천국이다. 예전에는 거머리가 미나리 단에 섞여 싱크대까지 따라오는 일이 종종 있었다. 미나리를 고르다 거머리와 마주친 주부가 까무러치는 일도 있었다. 아내도 미나리를 사오면 도마 위에 펼쳐놓고 이잡듯 샅샅이 뒤진다. 미나리와 함께 칼질에 토막 난 거머리가 위장에 들어가 피를 빨고, 심지어 번식까지 했다는 괴담이 나돈 적도 있다. 예나 지금이나 괴담은 잘도 나대며 세상을 어지럽힌다.

요즘은 거머리 걱정할 필요가 없어졌다. 농약 때문인지 거머리 보기가 하늘에 별 따기가 되었다. 텃밭 연못가에 쪼그리고 앉아 눈을 비비고 살펴보아도 그림자조차 얼씬거리지 않는다. 예전 같으면 대왕거머리까지 나타날 분위기인데도 조용하다. 아랫

도리 내의 거꾸로 뒤집듯 하여 대왕거머리를 꼬챙이에 꿰어 흔들고 다니면 괜히 어깨가 으쓱해졌다.

미나리꽝에 거머리는 사라졌지만 인간세상 거머리는 늘어만 간다. 보고 듣기조차 민망한 스토킹 범죄소식이 하루가 멀다 하고 들려온다. 스토커 박멸을 위해 사회가 안간 힘을 쓰지만 쉽지 않다. 환경오염으로 물에서 노는 거머리가 사라져가고 있지만 세상이 혼탁해질수록 인간세상의 거머리는 늘어만 간다.

연애시절 아내에게 나는 무엇이었을까. 선녀에 나무꾼까지나 절실한 존재는 아니었던 것 같다. 그때는 스토커라는 말이 없었다. 사내들은 대부분 거머리나 똥파리 중 하나로 불렸다. 똥파리는 여기저기 붙었다 또 다른 데로 어지럽게 날아다닌다. 죽으나 사나 붙어 다닌 걸 보면 똥파리가 아닌 건 틀림없다. 그러면 선녀와 거머리?

'나는야 당신의 사랑의 나무꾼♪' 흥얼거려 보지만 음정 박자도 엉망이다.

오장칠부 걱정

오장육부보다 더 소중한 게 있을까. 인간의 내장 전체를 통틀어 오장육부라 부른다. 여기에 한 부위를 더하면 오장칠부다.

예전에도 오장칠부기 있었다. 사람이 정상적으로 가지는 오장육부 외에 한 기관을 더 가진 사람, 남달리 비뚤어진 태도나 틀어진 기질 또는 그런 사람을 두고 하는 말이다. 요즘은 스마트폰을 덧대어 오장칠부로 부르고 있다.

오장칠부에 문제가 있다. 오장육부는 비가 오나 눈이 오나 앉으나 서나 그 자리에 붙어있으니 이들이 집을 나가 찾아 헤맬 일은 거의 없다. 마지막에 붙은 일곱 번째 부 '칠부'는 다르다. 얘가 집을 나가 치르는 곤욕은 누구나 한두 번 경험이 있다. 오장육부는 어느 한 곳이 집을 나가거나 탈이 나도 막말로 한두 시간은 버틸 수 있다. 칠부의 안위에 문제가 발생하면 사람에 따라 차이는 있지만, 수뇌부부터 말단까지 마비되어 식물인간이 되기도 한다. 즉각 비상모드로 전환된다.

휴대폰이 먹통 된지 사흘째가 되니 좀 갑갑하다. 태연한척 하려해도 한계점에 다다른다. 충전이 전혀 되지 않는다. 충전기를 이것저것 바꾸어보아도 마찬가지다. 휴대폰 충전기 구멍을 유심히 들여다보니 구멍은 의구한데 탄 냄새가 코를 자극한다. 가을걷이로 텃밭에 머물다보니 당장 휴대폰가게가 없다. 며칠을 버티다보니 충전율이 30%대로 떨어진다.

인터넷 구매가 싸다고 해 그리했다. 사흘 만에 휴대폰이 집으로 배달되고 나도 같은 날 집에 도착했다. 물어물어 탑재된 장비와 데이터들을 이관하는데 진땀이 난다. 그러는 사이 10%대로 충전율이 곤두박질쳤다. 메모와 사진이 옮겨지지 않는다.

서비스센터를 찾아가 문제를 해결하려했는데 방법이 없단다. 충전상태가 최소 20%는 되어야 이전이 가능해 소손된 기기는 이미 죽은 몸이라 소생이 되지 않는다고 한다. 집에서야 불가능하지만 서비스센터에서는 당연히 방법이 있으리라 생각했는데 그게 아니다. 오장과 육부가 며칠 만에 주검 직전까지 가는 경우는 드물다. 칠부가 속을 썩인다. 내가 늑장을 부린데 대한 반성과 함께 그런 기술이 휴대폰에 장착되어 있지 않음이 한심하다는 생각도 지울 수 없다. 최신형은 만사오케이라지만 노인에게는 언감생심이다.

수십 년간 모아놓은 사진 천여 장에 메모가 백여 개 될까. 오랜 기간 추리고 추려 모은 사진이라 아쉽지만, 한 해 한 번도 들여다보지 않는 사진도 부지기수라 애써 서운함을 달래본다. 메모 역시 농사 노하우와 글거리 몇 십 건과 자질구레한 이야기들이 있었지만 계륵 같은 존재도 많았다. 농사 노하우가 가장 서운하지만 상당부분이 이미 오장육부에 저장되어 있다. 기억하기 싫은 기억들의 메모는 오히려 속이 후련하고, 오래된 글감 대부분도 이미 용도를 잃은지라 덤덤하다. 새로 시작하는 것도 괜찮을 것 같은 생각과 함께 답답한 게 전혀 없다고 다시 한 번 자위한다.

지리산 친구생각이 난다. 10여 년간 손수 집을 지으며 남겨둔 2천장이 넘는 사진을 칠부에 담아두었다가 깡그리 잃어버렸다. 기록과 자료저장에 남다른 정성을 들이는 친구라 상심이 이만저만이 아니었을 게다. 그에 비하면 나는 아무 것도 아니다.

칠부가 집을 나가도 너무 애달파하지 말자. 무비유환이라 했다. 대비를 게을리 했으니 당해도 싸다는 생각과 함께 새 옷으로 갈아입은 것처럼 홀가분하기도 하다.

오장육부만 가지고도 부족함 없이 살 수 있었던 시절이 있었다. 칠부를 때내어 버리고 살 수는 없을까. 아무래도 쉽지는 않을 것 같다.

새신랑과 신병

하수구치고는 견딜만하다. 바닥에 오물물이 자작이 흐르는데도 봄이 오기 전 찬 기운 때문인지 그리 거북하지 않다. 슬리퍼에 담겨져 있는 발가락이 물에 잠길까싶어 신경이 좀 쓰인다. 지금 목숨을 보존하기 위해 피신중이다.

내가 당하고만 있을쏘냐. 잠시 안정을 찾는가 하는데 눈에 거슬리는 게 있다. 양손을 버티고 있는 콘크리트 벽 무늬가 이상하다. 불규칙적으로 늘어선 가로세로 빗금무늬가 꼬물거리는 것 같다. 눈을 비비고 보아도 붙박이가 아니다. 가로등 불빛이 비춰주는 곳을 보니 민달팽이 떼다.

'악' 소리가 나오려는 입을 손으로 틀어막는다. 목숨은 하나밖에 없다. 전장에서 피난민 무리가 숨죽여 있는 중에 아기울음소리를 막느라 땀을 흘리는 장면이 떠오른다. 참아야 한다.

설마가 사람을 잡고 있다. 그 집안은 새신랑 다스리는 게 전문이라는 소문을 들었다. 신혼여행을 마치고 신부 집에서 방금 한 상을 받았다. 소화도 되기 전에 의식이 시작된다. 온갖 트집을 잡더니 집단행동으로 들어간다.

아내는 팔 남매 중 일곱 번째다. 위로 처남 셋에다 동서가 셋이다. 이들 여섯이 저승사자 뺨치는 몫을 한다. 광목 끈에 거꾸로 어깨에 매달려 상다리로 발바닥을 무수히 맞았다. 이러다간 죽을 수도 있겠다는 공포가 밀려온다. 목숨까지 걸 정도는 아니었지만 팔다리가 부러지는 참상은 더러 있었다. 사정을 해도 통하지 않는다. 신부가 옆방에 있는 장인어른에게 도움을 요청하니 기름을 확 붙는다. '매우 쳐라'는 카랑카랑한 목소리가 들려온다. 장인이 아니고 염라대왕이다.

방바닥에 내리꽂힌 머리에 달린 눈에 맥주병이 들어온다. 와중에 두 개를 맞잡고 깨트리겠다고 공갈을 치니 마지못해 소강상태로 돌아간다. 그것도 잠시, 다시 매달고 고문이 계속된다. 생 똥을 쌀 것 같다는 하소연에 화장실 가는 것을 허용한다.

머리 위로 손전등 불빛이 난무한다. 저승사자들의 웅성거림이 들린다. 잡히면 가만두지 않겠다거나, 우리가 너무 심했다는 의견이 소음처럼 들렸지만 누구누구의 음성인지 챙길 틈이 없다. 이 순간만 모면하면 옷을 갈아입고 우리 집으로 도망가야겠다는 생각만 맴돈다.

새신랑 이전 아픈 기억이 있다. 신병훈련을 마치고 훈련소를 떠나는 날이다. 힘겨운 훈련을 소화했다는 대견함과 더 큰 세상으로 나아가기라도 하는 듯 기쁨에 들떴다. 배출대대 연병장에서 천여 명 중 여섯이 같은 부대로 발령을 받았다. 서울에 있는 특수부대라는 루머가 돌긴 했지만 정작 본인들은 그저 소풍가는 줄로만 알았다. 훈련소 떠나는 날이 해방되는 날로 알던 터였다.

밤 열차와 버스로 자대에 도착했다. 정문에서 멋진 복장을 한 위병들이 절도 있게 인사를 건네 온다. 위병은 탑승자보다 차량을 보고 경례를 한다. 아뿔싸, 동료 하나가 분위기 파악을 하지 못하고 창밖을 향해 손을 살랑살랑 흔든다. 두근거리는 가슴으로 밤을 새우고 날이 밝았다.

다음날 저녁 집합이 있었다. 이때까지만 해도 집합이 무엇이란 걸 잘 몰랐고, 군 생활 중 무수한 집합이 있을 거라곤 예상도 하지 못했다. 지하에 설치된 실내사격장이다. 총소리마저 외부로 빠져나가지 못하니 안에서 무슨 일이 일어나도 모른다.

신랑다루기와 유사한 신병신고식이다. 우리 여섯에 상대 숫자도 비슷했던 것으로 기억된다. 상대는 상병 급이다. 일병은 신고를 받을 군번이 아니고, 제대 날짜를 체크하는 갈참 병장은 자잘한 일에는 관여하지 않는다. 하사관들도 서슬 퍼런 병사들 세계에 감 놔라 대추 놔라 하기가 쉽지 않았고, 장교들이라고 모를 리 없지만 모른 척한다. 상부의 묵인방조 아래 자행된 자칭 군대잡기였다. 새신랑의 장인어른과 똑같다.

어제 손 흔든 놈 나오란다. 모두가 머뭇거리자 주먹과 발길질이 날아온다. '수학여행 온 줄 아느냐, 너희 집이냐'로 트집을 잡는다. 손 흔든 놈이 아니라도 시비꺼리는 부지기수다.

한 시간 여 집단폭행을 주고받았다. 친 쪽이나 맞은쪽이나 모두가 기진맥진이다. 신병이 자신보다 키가 크거나 잘 생겼으면 펀치의 강도가 강해진다. 포시랍게 자란 흔적이 있거나 명문대 출신은 더 혹독한 린치를 당해야한다. 나와 지리산 골짝 출신인 친구는 그래도 덜 당한 편이었다.

동료 하나가 투덜거리며 상의 호주머니에서 무얼 꺼낸다. 입대기념으로 애인이 선물한 만년필이 만신창이가 되어있다. 허리가 휘어져 뚜껑이 열리지 않는다. 이제 갓 첫발을 들여놓은 군대생활이다. 아득한 앞날을 생각하니 공포와 현기증이 밀물처럼 밀려든다.

수많은 동료들과 함께하는 훈련소는 울이 있다. 개인행동이 허용되지 않을뿐더러 신고식 같은 집단 폭행은 없다. 자대로 배치 받으면 울타리가 사라진다. 이제부터는 험난한 군대생활을 혼자서 해쳐나가야 한다. 지금 생각해도 신고식을 굳이 그렇게 해야 했을까 싶다.

홀로서기는 새신랑도 마찬가지다. 부모 품을 떠나 황야로 나아가야한다. 군대와 새신랑 이후 또 혼자 가야할 길이 남아있을까.

가장 잘한 일

오랜만에 전우들이 모인 자리다.

"노과장, 오랜만이오." 띠 동갑가량의 선배니 팔십대이시다. 목소리만 들어도 건강미가 줄줄 흐른다. "우와 선배님, 건강하시지요." 한참 손을 맞잡고 흔들어댄다. 그 사이 선배는 옛날 '노과장'과의 추억을 쏜살같이 쏟아낸다. 잠시 후 우리는 각자 다른 전우들의 손을 잡는다.

집고 넘어갈 게 있다. 오해가 우려되기 때문이다. 전우戰友가 아니고 전우電友다. 전기電氣회사에서 같이 근무한 인연들이 함께하는 전우회電友會다. 한 해 서너 차례 전체모임이 있지만 빠짐없이 참석하는 게 쉽지 않다. 당연히 개인별 만남은 오랜만으로 이어지기 일쑤다.

직장에서 과장자리에 붙박이처럼 있었다. TV손자병법에 나왔던 만년과장 '이장수 과장'보다 몇 년을 더한 듯하다. 이 과장은 처세술에 강했지만 나는 정반대였던 게 다른 점이다. 어쨌든 과장을 오래하다 보니 퇴직 후까지 '○과장'이라 부르는 선배들이 많다.

사실은 '박'인데 '노과장'으로 불릴 때가 더러 있다. 노욱아 노욱군 노욱씨 노욱이형, 이름으로 불릴 때는 착오가 없는데 성씨에다 계급을 붙이면 생각보다 많은 사람들이 착각을 한다. 박보다 노가 부르기에 편한 모양이다. 오늘도 '노가 아니고 박입니다.'라고 바로 잡지 못하고 그냥 넘어갔다. 상대를 민망하게 하는 것도 도리가 아니다.

직장생활 때도 미적미적한 순간이 있었다. 상담할 때는 우선 고객의 목소리를 끝까지 들어야 한다. 전기회사 영업창구는 늘 붐빈다. 할아버지 한 분이 지팡이를 내리치며 험상궂은 얼굴로 들어오셨다.

출입구에서 쩌렁쩌렁한 목소리로 한 번 크게 꾸짖고는 자리를 잡는다. 본론으로 들어가기에 앞서 우리나라의 역사, 국민성, 공무원의 불친절에서부터 복지부동까지 일장연설이 이어진다. 성화로 보아 함부로 제동을 걸었다간 큰 일 난다. 차 한 잔을 다 마시고 다시 주문한 생수를 내놓으며 목소리에 귀를 기울였다. 장시간 성의를 보이자 본론으로 들어간다.

이사 온지 두 달이 지났는데 영수증이 본인이름으로 나오지 않는단다. 그러면서 꺼내놓는 영수증이 아뿔싸, 전화요금영수증이다. 지금부터가 문제다.

할아버지에게 무안을 주어서는 안 된다. 요즘은 공과금 종류가 많고 일일이 챙기기가 여간 힘든 일이 아니다. 특히 어르신들은 더 어렵다며 이야기를 시작하니 손을 휘두르며 서론이 길다고 말을 자른다. 이제 사실대로 이야기해야 한다.

"할아버지, 이건 전화영수증인데 전기영수증은 제대로 나가는지요?" 순간 할아버지의 얼굴색이 변한다. 무안해 하는 할아버지에게 몇 마디를 더 건네니 할아버지는 짧게 '고맙다' 한 마디 하신다.

영수증부터 내놓으라고 닦달할 걸 그랬나. 서둘러 일어나는 할아버지를 전화국 가는 버스정류장까지 바래 드렸지만 생수를 다 마시지도 못하고 돌아가셔서 못내 아쉬웠다.

나는 칼로 자르는 게 서툴다. 매사에 상대방 입장을 깊게 생각하다보니 또 다른 어떤 상대로부터의 핀잔은 감수해야 한다. 이장수 과장보다 과장을 오래 한 이유가 있고 나도 안다. 텃밭에서 낫과 톱을 열심히 벼리면 잡초와 나뭇가지를 쉽게 자를 수 있다. 하지만 인간관계는 다르지 않을까. 좀 무디고 서툴러도 진심으로 상대를 대하면 마음은 통한다.

이런들 어떠하며 저런들 또 어떠하리. 노든 박이든 서로 통하면 된다. 다음 모임에도 선배가 '노과장' 하고 손을 내밀면 반갑게 덥석 잡아드려야지.

이태리타월과 수세미

모처럼 온천 나들이를 했다. 올겨울 가장 추운 날씨 탓인지 길거리는 조용한데 탕 안은 만원이다. 남탕은 늘 여유가 있는데 오늘은 다른 세상 같다.

또 망설인다. 때를 밀까 말까. 때를 밀지 않는 습관으로 간혹 아내의 참견도 감수한다. 길쭉한 등밀이 타월에 비누칠을 해서 등부터 시작해 온 몸을 한 번만 쓱 밀어주어도 개운하다.

옆자리 손님이 때밀이 삼매에 빠져있다. 손바닥에 납작한 이태리타월을 끼고 맨바닥에 퍼질러 앉아 이리저리 몸을 비틀며 땀을 뻘뻘 흘리고 있다. 내가 평생을 두고 한 번도 해보지 않은 노력이다. 볼록한 배만 해도 타월이 한참을 머물러야겠다. 저렇게 지극정성인데 시원하지 않을 수가 있겠는가. 나도 한 번 밀어? 평소 하던 데로 마무리한다.

예전부터 이태리타월의 인기가 대단했다. 커피믹스, 김치냉장

고와 함께 세계가 인정하는 대한민국 3대 발명품 중 하나다. 60년대 부산에서 처음 개발되었는데 원단이 이태리 산이라 붙여진 이름이다. 이태리타월의 탄생은 삼국시대부터 이어온 동래온천의 역사적 배경과도 무관하지 않다. 저렴한 가격에 높은 실용성으로 서민들의 인기를 독차지 했다.

이름 때문에 홍역을 치른 적이 있다. 한국인이 때밀이 수건으로 사용하는 타월에 '이태리'가 들어간다고 이태리 대사관 측에서 항의를 해온 것이다. 물론 외교문제로 까지 번질 일은 아니었지만 한 때 이야기꺼리였다. 이태리타월 입장에서는 난데없는 홍두깨다.

닮은꼴이 있다. 수세미다. 타월은 몸을 닦지만 수세미는 그릇을 닦는 게 다르다. 자연산 수세미는 이태리타월만큼이나 신기하다. 기름기가 잔뜩 붙은 육개장이나 갈비찜을 담지 않은, 웬만한 설거지라면 세정제를 따로 쓰지 않아도 믿기지 않을 정도로 말끔하다.

수세미는 성질도 부드럽다. 어지간한 환경이면 적응한다. 오이나 여주, 작두콩 같은 덩굴식물은 퇴비를 충분히 주고 간혹 병해충을 막기 위해 농약도 뿌려주어야 한다. 돌보는 손길이 조금만 부족해도 못 살겠다고 반란을 한다. 수세미는 덩굴만 올려주면 만사형통이다.

가을에 익은 수세미로 수세미를 만든다. 내년을 위해 씨앗을 발라내고, 솥에 찌거나 삶는다. 이 과정을 거치지 않으면 순식간에 곰팡이가 붙어 못쓰게 된다. 바짝 말려 두고두고 수세미로 사용한다. 주위에 선물을 해도 자연산이라며 모두가 반긴다.

인공수세미로 어두운 추억도 있다. 전기를 만들어 파는 우리 회사는 전 국민이 고객이고, 때때로 밑지는 장사를 하더라도 늘 고객만족이 우선이었다. 벽에 붙은 스위치만 올리면 연중 전깃불이 들어와야 하고, 요금 또한 다른 물가에 비해 싸야했다. 한 달 전기요금이 수박 한 덩이 가격보다 비싸다는 항의도 있었다. 한때 고객봉사 우수 직원이나 사업소에 대한 우대정책이 있었다. 고객의 마음을 낚아채려면 나름 방법을 짜내야 했다. 조그만 선물을 준비해 고객이 회사를 찾아올 때나 직원이 현장을 방문할 때 건넸다. 기발한 선물용품들이 등장했는데 수세미도 그 중 하나다.

아뿔싸, 어느 고객의 엄청난 항의를 받았다. 이태리대사관 항의는 저리가라였다. 수세미를 쓰레기로 연결하며 자신을 쓰레기 취급한다는, 앞뒤가 맞지 않는 주장이지만 옳고 그름을 따지면 고객의 흥분을 가라앉힐 수 없다. 그 분이 제 풀에 꺾일 때까지 수화기를 들고 있는 팔이 좀 아팠지만 기다려야 했다. 지금 생각해도 유쾌한 일은 아니다.

어느 시인이 연탄재만큼은 되냐고 물었다. 이태리타월이나 수세미도 결코 연탄재에 뒤지지 않으리라.

곧 봄이다. 수세미 씨앗을 챙겨야겠다.

계곡인연

봄기운이 땅을 적시면 떠오르는 사람이 있다. 덕풍계곡 정 선생이다.

1987년 3월 1일은 아직 잔설이 그대로였다. 처음 덕풍계곡을 찾은 날이다. 서너 차례나 바지를 벗고 물을 건넜다. 다리가 떨어져 나갈듯한 추위가 준 촉감이 그날을 정확히 기억하게 해준다. 응봉산을 사이에 두고 북서쪽은 남다른 비경을 가진 강원도 삼척 덕풍계곡이고 반대쪽은 노천온천을 품고 있는 경상북도 울진 덕구계곡이다. 그날이후 틈만 나면 찾은 계곡은 한 번도 실망을 주지 않았다. 20여년 시차를 두고 울진과 삼척에서 직장생활을 할 수 있었던 건 행운이었다.

개복숭아 꽃이 만발한 어느 봄날이었다. 계곡 외딴집에서 홀로 사는 낯선 사내를 만났다. 덕풍계곡이 세상에 본격적으로 알려지기 전이었다. 서울 살다 지난해 안착한 50대 중반을 바라보는 노총각 정 선생이다. 6.25때인가 불의의 사고를 당해 한쪽 다리가 불편하다. 아담한 체구에 티 없이 뽀얀 얼굴, 흰머리와 긴 수염을 보고 단지 산골사람이 아님을 대번에 알 수 있었다. 남새밭에 나타나는 멧돼지 일가족을 우리가족인양 자랑한다. 텃밭에 심어 놓은 씨앗과 뿌리를 다람쥐와 꿩이 다 파먹어도 그들을 나무라지 않았다. 예전 탄광 길을 따라 태산준령을 넘어온 전깃줄이 멀리서 방향을 바꾸는 바람에 남포등이 밤을 밝혔다.

노총각은 서울에서 피아노 학원을 운영했다. 어느 날 서울은 내가 살 곳이 아니더란다. 사람들과 부대끼며 사는 것이 혼란스러워 어디 숨어서 피아노만 치다 늙어 죽자고 찾아온 곳이 덕풍이란다. 두 해 동안 한라산 기슭부터 고성 철책선 아래까지 전국 오지를 헤매다가 마음을 정한 곳이다. 그 집에 살던 노부부를 아홉 번이나 찾은 끝에 집을 얻었다. 삼고초려는 저리 가란다. 길도 없는 길이라 성한 사람도 들어가는 데만 두어 시간 걸린다. 리어카에 실은 피아노는 마을 청년들과 리어카채로 들고 날랐다. 계곡에서 처음 피아노 소리가 울렸던 그날 밤을 잊을 수 없단다. 우리들의 요구에 빙그레 웃으며 방에 들어가면 주로 슈베르트의 즉흥곡이나 장엄한 미사곡이 흘러나왔다.

혼자 살다 죽으려는 사내 앞에 어느 날 선녀가 나타났다. 계곡 등산길에는 으레 그의 초막을 찾았다. 젊은 여인이 있어 물어보니 '그냥 같이 있는 사람'이라며 수줍어한다. 우리 일행은 서울에서 피아노를 가르친 제자로 오랫동안 알고 있었다. 20여년 후 어느 일간신문에는 달리 소개되어 있다. 오지를 찾아 헤매던 중 고속버스에서 만나 청포도를 얻어먹고 책 한 권 건넨 게 인연으로 이어졌단다. 버스 안에서 난데없이 청포도 소녀가 나온다. 수줍음을 타는 선생이 쓴 소설이리라.

꿈만 같더란다. 어느 날 아침에 눈을 떠보니 그녀가 아침밥을 짓고 있더라나. 왜냐고 따지니 "내가 필요할 것 같아서요" 하더란다. 이런 걸 두고 운명이라 한다. 스물일곱 살 차이로 산골에서 만나 양가 부모 없이 시골성당에서 혼인식을 치렀다. 연년생으로 아들 둘을 낳았다. 아이들은 초등학교를 입학하면서부터 아랫마을로 유학을 보냈다.

신혼시절이 행복하기만 했을까. 아들 둘을 얻을 때까지 정 선생은 장인장모를 볼 수 없었다. 몇 년 후 다시 찾았더니 어린아이처럼 뛸 듯이 기뻐하며 자랑을 한다. 지난주 서울에서 장인장모님이 다녀갔단다. 딸 결혼을 만족해할 수 없었지만 손자가 둘이나 생기고 나서는 달라진 것이다. 딸애와의 큰 나이 차이뿐 아니라, 자신들보다 나이가 많은 사위에게 정을 주기가 쉽지는 않았으리라.

'숲속의 피아니스트'도 처음에는 무명이었다. 세상에 알려지기 전 몇 해 동안은 집을 찾는 손님이 드물었다. 우리 일행이 들를 때마다 음료를 대접했다. 그 중에 직접 만든 솔잎효소는 잊을 수가 없다. 솔잎을 꽉 채워 풍선처럼 부풀어 오른 플라스틱 물병은 불안하기 짝이 없었다. 자세히 보니 터질 듯 정성이 가득 차 있다.

우리가 심어준 매실 몇 그루가 어른이 되어있다. 열 그루를 심었는데 멧돼지가 파헤치는 바람에 서너 개만 남았다. 죽은 자 몫까지 다하려는 양 해마다 열매를 주렁주렁 달아주었다. 아들과 함께 찾아갔던 날은 선생이 아이 손을 잡고 '너의 아빠가 심은 나무'라고 자상하게 안내를 해주었다.

평화는 이어지지 않았다. 땔감을 하다 나무에 깔려 뇌를 심하게 다쳤다. 아내가 '피눈물 흘리는 마리아상'이 있는 나주 성모의 집에서 물을 떠와 지극정성으로 간호를 하여 깨어났다. 살아날 가능성이 1%라는 의사의 진단에도 불구하고 기적이 일어났다. 그 후 나주로 이사했다는 소문이 돌았다. 한참 세월이 흐른 후 찾아보니 열매를 잔뜩 매단 개복숭아만 빈 마당을 지키고 있었다. 그때 손꼽기로 나와는 20여년 차이였으니 내 계산이 맞는다면 정 선생은 올해 90세에 가깝다. 늘 건강하시기를 기원한다.

계곡사람들의 마음은 따뜻했다. 아름답고 깨끗한 자연과 함께인지라 자연을 사랑하고 고마워할 줄 안다. 걸어서 밖에 갈 수 없었던 계곡에 자동차가 드나든 지 오래 되었다. 깎아지른 절벽은 예나지금이나 그대로이다. 하얀 반석을 타고 흐르는 물줄기도 끊일 줄 모른다.

사람들의 발자국만 달라지고 있다. 그 시절 그 곳에 다시 한 번 가고 싶다. 계곡보다 마음이 더 깊은 사람들이다.

산 넘어 산

인류의 장래를 걱정했다. 예전에 영화 ET를 보고난 후부터다. 과학의 발전이 배경이다. 생활이 편리해질수록 인간들이 머리만 쓰고 팔다리를 사용하지 않는다. 머리가 커다랗고 팔다리는 빼빼 말라 퇴화수준에 이르러 ET같은 인간이 될 거라는 우려였다. 머리가 좋으면 딱히 손발을 쓸 일이 없다는 말이 만고의 진리처럼 나돌았던 시절이었다.

세월이 흘러도 걱정은 그대로였다. 기우가 아니었다는 조짐이 수시로 나타났다. 모든 게 자동으로 바뀐다. 누워서 조명등이나 텔레비전을 켜고 끄고 하는 게 신기했던 시절이 있었다. 요즘은 자동차가 저 혼자 굴러가고 기차가 기관사 없이 잘도 달린다. 수백, 수천의 목숨을 싣고 오대양육대주를 혼자 돌아다니는 여객기가 나올 차례다. 머리뿐 아니라 팔다리의 쓰임새도 하루가 다르게 줄어들고 있다.

요즘은 AI 번역이 대세다. 인간이 몇 시간, 며칠 걸리는 번역을 딥엘과 챗GPT는 단 1초 걸린다. 책 한 권을 1~2분 만에 뚝딱한다. 번역뿐이 아니다. 문서를 작성하고 회의 자료를 만든다. 시나 소설 쓰기는 당연하다. 수필이나 일기, 연애편지는 아니라지만 못쓸 이유가 없다. 글쓰기뿐만 아니라 읽기도 대행할 것이라 한우충동汗牛充棟이라는 말이 사라질 날도 머지않았다. 재벌회사의 경영을 맡긴다니 앞으로 나라의 운영도 감당하리라 예상된다.

인간 간의 업무분담도 필요하다. 인간의 1%만 머리 쓰는 일을 하고 나머지는 손발을 쓰면 된다. ET걱정 AI걱정을 한꺼번에 날릴 수 있다. 하지만 창의적인 일을 하는 인간이 1%가 채 되지 않는다고 한다. 그 1%의 창의마저 빼앗길 마당인데도 인간들은 더 열을 올리고 있다.

AI가 관음증을 유발하기도 한다. AI를 활용해 만든 세계적 팝스타 스위프트의 얼굴이 합성된 음란물이 순식간에 5천만 회 가까이 조회되었다고 한다. 머리는 실제인물이고 몸은 전혀 다른 사람이다. 목소리도 진짜 같은 가짜다. 원조 음란물은 시집 두세 권 부피의 두꺼운 테이프였고 그것도 활동사진 없이 소리에만 만족했다. 비디오가 나오면서 어른 아이 할 것 없이 삼삼오오로 즐기던 때가 있었다. 친구들 불러 비디오를 보다 갑자기 정전이 되는 바람에 테이프가 빠지지 않았고, 마침 아버지가 외출에서 돌아오자 전기가 들어오며 화면이 재생되어 아버지에게 혼이 났다는 지인도 있다. 스위프트 사건은 빙산의 일각이라니 어디까지 갈지 아찔하다.

ET의 역설이랄까. AI가 인간을 대신하면 좋은 점도 있다. 우선 ET머리 걱정은 하지 않아도 된다. 덕분에 인간들이 머리 쓸 일이 없으니 머리가 더 이상 커질 일은 없다. 머리는 그냥 액세서리로 달고 다니면 된다. 이미 더 화려한 액세서리가 되도록 미리 준비한 개개인이 부지기수다. 개조기술도 나날이 늘어간다. 아직 AI에게는 부족한 선견지명이 아닐 수 없다. 액세서리 대신 손발을 많이 사용하다 보면 팔등신 수려한 인간이 늘어나겠다. 아직은 인간이 우수종이 맞다. 지금이라도 인간이 손을 떼면 AI가 살아남기 어렵다. 엘리엇과 그 친구들의 도움이 없었다면 ET도 살아남아 다시 우주선을 탈 수 없었으리라.

AI는 전기 먹는 하마다. AI가 제 역할을 하려면 먹어야 산다. 지금까지 인간 세상에 출현했던 전기하마 중 단연 괴물이다. AI가 더욱 활성화되면 데이터센터나 컴퓨터가 늘어나 전기사용량이 이삼십 년 후면 지금보다 천 배나 증가한다는 연구결과도 있다. 다행히 아직은 인간이 전기를 만든다. AI가 스스로 발전소를 짓고 전선로를 깔아 전기를 자급자족하는 날도 멀지 않았으리라. 정말 인간들이 발붙일 자리가 사라지는 게 아닐까.

희망은 있다. 먹고 화장실 가는 일은 아직 인간 스스로 해결해야 한다. AI가 이마저 대행한다면 어떻게 될까. 얼마 전 오픈AI CEO 올트먼이 AI반도체 핵심인 고성능 메모리를 구하러 우리나라를 다녀갔다. 얼마나 갈지 모르지만 아직은 인간이 AI를 관리하니 조금은 위안이 된다.

걱정의 크기만 바뀌었다. ET머리 걱정이 사라진 자리에 더 큰 걱정이 따라왔다. 부자지간 정이나 남녀 간 사랑도 대신해 주는 날이 올까 두렵다. 내가 상대방의 마음을 빼앗을 수도 있고 반대로 내 마음을 누군가가 훔쳐갈 수도 있다. AI가 윤리영역에서는 갈 길이 멀다하지만 이 역시 해결되리라.

AI는 불사조다. 인간은 길어야 백년이다. 인간수명이 AI덕분에 150, 200년이 될지는 의문이다. AI가 인간을 위할까도 궁금하다. 인간에게는 뇌경색과 뇌출혈이 있다. 고혈압에다 당뇨, 암도 앓는다. 치매로 말년에 대혼란에 빠지기도 한다. 지금까지 말로만 존재하던 불사조가 인간 세상에 처음 출현한다. 향후 영혼이 장착되면 영원불멸까지도 내다볼 수 있다. 상대적으로 한없이 나약한 인간의 최후를 상상을 해 보는 건 그다지 어렵지 않다.

가관이다. 앞길도 추스르지 못하는 한 인간이 인류의 앞날을 걱정하고 있다. 아서라, 오늘 저녁에는 과식을 좀 해야겠다. 내일 아침에는 우리 집 변기에 풍년가가 울리리라. 인간들이 지혜를 모아 먹고 싸는 것만이라도 내 손으로 하는 세상이 오래 갔으면 한다.

잠자리에 들어도 눈이 말똥말똥하다. 그때 우주선을 타고 떠난 ET는 아직 살아있을까. 걱정과 궁금증이 꼬리를 문다.

차라리 천적

살아있는 생명은 싸움의 연속이다. 세상 모든 생물은 싸우면서 살아간다. 인간끼리의 다툼 역시 당연하다. 왠지 서글프다.

평온할 것 같은 바다 속도 전쟁터다. 텔레비전 화면이 저리나 살벌한데 실제 들어가 보면 지옥보다 나은 게 없으리라. '바다가재와 녹색게'라는 프로그램이다. 녹색게가 발산하는 기생충으로 바다가재가 피해를 보며 주위 서식조건이 파괴된다. 시간이 흘러 잘피가 살아나면서 환경이 개선된다.

평화가 올듯하지만 아니다. 바다가재가 살만하면 저들끼리 싸움을 벌여 죽고 죽인다. 간신히 목숨을 건져도 생존에 필요한 절대도구인 집게를 잃는 치명상을 입기 다반사다. 바다가재는 자신의 종족을 몰살시키는 녹색게가 적이 아니라 종족을 적으로 간주한다.

텃밭 고양이도 마찬가지다. 오랜만에 들르면 녀석들의 눈에서 나오는 빛이 희끄무레하고 털이 푸석푸석하다. 며칠 동안 제대로 먹지 못해서다. 먹이를 주면 그릇 한 개에 여러 마리가 순식간에 달려든다. 가족이나 이웃, 어른 아이 가리지 않고 머리를 들이밀고 허겁지겁한다. 극도로 허기가 지면 보이는 게 없다. 보이는 게 없으니 싸움이 되지 않는다.

배가 조금 불러오면 풍경이 달라진다. 아직은 배를 채우는 중이다. 어른 고양이가 아이고양이 뺨을 수시로 때리고, 아이고양이는 모든 행동을 멈추고 머리만 디밀고 있다. '즐겁게 춤을 추다가 그대로 멈춰라'가 따로 없다.

새끼끼리도 조금 더 컸다고 유세를 부린다. 입은 그릇을 핥고 발톱을 빼들고 상대의 얼굴을 찍어 누르고 있다. 얼굴이 찍힌 녀석은 간신히 숨만 쉬고 있다. 반항을 하다 눈꺼풀이 찢어지고 콧등에 흉터를 남기는 녀석이 한둘이 아니다.

덩치가 비슷하면 더 희한한 광경이 벌어진다. 밥그릇을 사이에 두고 코를 맞대 마주보며 석고처럼 굳어있다. 서로 뺨을 딱 붙이고 한 몸이 된 장면도 있다. 얼른 보면 다정한 사이 같지만 최고조의 긴장상태다. 힘을 겨루는 중이다. 형평이 깨어져야 어느 한 쪽이라도 배를 불릴 수 있다.

배가 남산만큼 부르면 분위기가 더 험해진다. 두 눈을 부라리고 으르렁 대며 싸움이 시작된다. 이제 배고픔은 문제가 되지 않는다. 약한 쪽이 슬슬 꽁무니를 빼야 살벌한 분위기도 사라진다.

끝까지 자리를 차지한 녀석도 그릇에 남아있는 먹이에는 더 이상 관심이 없다. 먹고 살만하면 치고 박는 인간세상과 닮았다.

식물이라고 예외는 아니다. 같은 둔덕에 인동, 댕댕이, 단풍마, 사위질빵, 환삼덩굴이 함께 살아갈 수 없다. 얼핏 보면 이런들 저런들 뒤엉켜 사는 것 같지만 아니다. 동물보다 오히려 더 잔인하다. 덩굴식물은 서로 다투다 마지막에는 한두 개만 살아남는다. 덩굴은 덩굴만 적이 아니다. 칡덩굴과 나무가 싸우다 결국 칡이 온 산을 덮기도 한다.

족族이 다르면 다툴 일이 줄어든다. 식물과 동물이 싸우는 경우는 드물다. 단풍나무와 돼지가 싸우지 않고 까마귀는 토끼풀에 관심도 없다. 꽃과 벌이 서로 떨어져 살 수 없고 고목나무와 까치는 늘 평화로운 풍경을 연출한다. 같은 동물이라도 촌수가 멀수록 다투지 않는다. 소와 말이 서로 뒷발질 잘못에 시비가 붙을 수는 있어도, 참새와 송아지가 치고받는 걸 본 적은 없다. 사람이 아무리 개같이 되어도 개와 맞장 뜨는 법이 없다.

자꾸 종족끼리 싸우려든다. 길을 가다 우연히 만나 생판인 개 두 마리가 이유도 없이 서로를 물어뜯는다. 대장자리를 두고 싸우다 이긴 고양이는 모든 것을 얻고 진 쪽은 가족은 물론 목숨까지도 부지할 수 없다. 암탉을 골고루 나눠가져도 부족함이 없을 수탉들이 정력을 소모해가며 깃털을 뽑고 뽑히며 대가리에 피칠갑을 한다. 우량종 생산을 위해서라는 생물학자들의 주장이

억지 같다. 종족보존본능이 사라져가는 느낌이다.

적과의 전쟁보다 내전이 잔인하다. 본 전쟁보다 예비전쟁이 더 치열하다. 국회의원 선거를 앞두고 벌어지는 풍경들이다. 선거 통에 개인이나 집단이 멸문의 길을 걷기도 한다. 지면 진 게 확실하고 이겨도 이긴 게 아니다.

종족이 천적보다 무섭다. 연인이나 부부, 형제가 원수지간으로 돌변하는 일이 흔한 세상이다. 소중한 인연일수록 불행을 초래하는 경우가 많다. 인간세상이 동물의 왕국이 되지 않으려면 세상 사람들이 각성을 해야 한다. 인간성 회복에 필요한 특효약은 없을까.

딱 보면 안다

'고독한 미식가', 작가 구스미 마사유키가 엮은 일본의 음식 드라마다. 가장 맛있는 음식이 무엇인가. 작가는 긴장하지 않고 편안하게 먹는 걸 첫 번째 조건으로 꼽는다.

마음편한 식사는 나도 경험으로 안다. 신입사원 시절, 지점장을 비롯해 높은 사람들과 한 회식자리다. 육지 깊숙이 자란 나는 생선회 접시가 처음이었다. 신입생이라 별 할 말도 없어 눈만 굴리다 쟁반 가장자리에 자리 잡고 있는 계란노른자를 삼켰다. 화장실로 뛰쳐나가 눈물 콧물을 쏟도록 한 게 겨자였다는 걸 미처 몰랐다. 그날 귀에서도 물이 나온 것 같은데 오래된 일이라 긴가민가하다.

드라마에는 야릇한 대화도 나온다. 배가 고플 때는 '푸른 하늘까지 맛있다.'라고 하는데 나는 솔직히 푸른 하늘이 맛있어 본 적은 없다. 한국식당은 반찬이 너무 많아 혼밥이 불편하다는 주장은 이해가 간다.

내가 전적으로 동의하는 부분은 따로 있다. 맛있게 먹으려면 우선 맛집을 골라야 한다. 딱 보고 맛집을 고르는 방법을 소개한다. 가게 입구에 손님들 신발이 가지런하게 놓여 있고, 빗자루와 쓰레받기가 깔끔하게 구석에 서있으면 맛집이 맞다. 문 앞을 깨끗하게 정리하는 사람이 만든 요리는 맛이 있을 수밖에 없다.

어디 식당뿐이랴. 사무실이나 다른 가게도 마찬가지다. 사무실 입구에 놓인 화분이 반짝반짝 윤을 내고 있으면 우선 믿음이 간다. 주인이 시도 때도 없이 닦아 출입문 유리가 반질반질한 편의점의 앞날은 걱정하지 않아도 된다. 창틀에 말라비틀어진 다육이가 늘어선 치과에서 칠성판을 반쯤 세워 놓은 것 같은 의자에 앉아 벌벌 떨며 때운 이빨이 계절도 바뀌기 전에 떨어져 나갔다. 화사하게 핀 꽃들이 오가는 사람들의 눈길을 잡아끄는 아파트 앞 미장원은 손님이 줄을 잇는다. 전철역 입구에 얼마 전 화려한 모습으로 문을 연 휴대폰가게에 늘어선 화분들은 한 번 지켜볼 참이다.

직장에는 감사라는 게 있다. 내가 경험한 공기업이 특히 엄격했다. 몸통 크기와 감사부서 덩치가 비슷한 공기업이 있어 입에 오르내린 적도 있다. 좀 부풀려 감독과 일꾼 숫자가 비슷하다는 말이다. 감사를 앞두고 서류를 다시 한 번 정리하고 마음의 준비를 하는 시간이 직접 감사를 받는 시간보다 더디 간다. 방패와

창의 한 판 대결을 앞두고 있으니 서로가 긴장하지만 방패 쪽 수심이 더 깊다.

감사가 시작되었다. 감사관이 특정서류를 요구하면 올 것이 왔구나 하면서도 피할 도리가 없다. 바로 갖다 바칠 것인지 시간을 끌 건지 작전회의가 열린다. 나는 주로 즉각 제출하자는 쪽이었고 결과적으로 정답일 때가 많았다. 서류를 깨끗하고 완벽하게 정리하는 담당자나 부서의 업무는 파고 들 필요가 없다. 감사관이 요구하는 서류를 찾느라 온 사무실을 뒤지고 야단법석을 떨면 더 의심을 사게 된다.

어느 베테랑 감사관의 고백도 있다. '이 서류 저 서류 가져오라, 일 년치 실적을 제출하라' 며 닦달했더니 당사자가 면담을 신청하더란다. 현장담당 신입사원이었는데 '도대체 나에 대한 감사를 언제까지 할 거요?' 라며 항변했고 감사관은 이를 간다. 하룻강아지가 호랑이에게 대든 것이다. 호랑이가 널려있는 먹잇감을 제쳐두고 강아지를 잡느라 일주일을 미주알고주알 파헤쳐 들다 손을 들었다. 강아지의 현장업무는 말할 것도 없고 서류까지 완벽히 정리되어 있더란다. 감사는 벌도 주지만 상도 준다. 그 신입이 선배직원들을 물리치고 우수 직원표창을 받았다.

물론 속이 튼실해야 한다. 일을 소홀히 해 놓고 요행을 바라면 꼬리가 밟힌다. 돈을 빼 먹고 입을 싹 닦으면 먼저 내 양심이 허락하지 않는다. 평소 업무를 깨알같이 처리하고 서류정리를 칼

같이 해놓으면 감사를 수월히 넘길 수 있다. 내용물도 중요하지만 결코 포장을 소홀히 해서는 안 된다.

인간만사가 마찬가지다. 속이 맑아야 겉도 깨끗하다. 무릇 인간은 안과 밖이 한결같아야 한다. '겉 희고 속 검은 것은 너뿐인가 하노라' 옛 시인도 까마귀를 비웃는 백로를 빗대어 타일렀다. 결국 속과 겉은 함께 간다.

빛 좋은 개살구라 했던가. 잘 익은 개살구가 요즘 유행하는 주먹만 한 양살구보다 감칠맛이 난다는 사실은 먹어본 사람은 안다. 속이 아닌 겉은 허구라지만 드러나는 겉도 중요하다. 겉도 속에서 나온다.

하얀 밤에 까만 생각

박노욱 두번째 수필집

제2부

박노욱 두번째 수필집

오지랖 풍년

전국이 땡추위에 얼어붙었다. 텔레비전도 며칠째 추위 타령을 하고 있다. 모처럼 외출해보니 정말 춥다. 맨 손이 가장 시리다.

앞서가는 남녀 한 쌍이 무얼 떨어뜨린 것 같다. 서로에게 홀딱 빠지면 흔히 저런다. 간이 삐져나와 땅바닥에 뒹굴고 있어도 모를 수 있다. 서면 롯데지하도는 추위에도 아랑곳없이 연말 분위기가 난다. 지난날 아스라한 기억 속 장면을 닮았다.

겨울철 고향 시냇가다. 수면 가까이 놀던 물고기가 얼음이 꽁꽁 얼면 물 속 깊숙이 자리를 옮긴다. 떼를 지으면 고장 난 잠수함이 바닥에 가라앉은 모습이다. 너도나도 지하도에서 오글거리는걸 보니 추운 건 사람이나 물고기나 마찬가지인가 보다.

몇 발짝 더 가서야 상황을 파악한다. 장갑 한 짝과 구겨진 커피숍 티슈가 바닥에 뒹굴고 있다. 분홍색 실로 짠 목이 긴 털장갑인데 한 짝이 달아나면 다른 한 짝이 얼마나 허전할까. 어쩌면 주인에게 버림받을 수도 있다.

그 짧은 시간에 여러 사람이 지나쳤지만 모두가 아랑곳하지 않는다. 덥석 집어 들었다. 종종 걸음으로 쌍을 따라잡았다. 청춘 같기도 하고 신혼부부로 보이기도 하는데 청춘 쪽에 더 가까워 보인다. 티슈는 상대가 민망할 수도 있겠다 싶어 내 호주머니에 찔러 넣고, 의기양양하게 장갑을 들이대는데 반응이 영 아니다. 남자가 멈칫하며 손사래를 친다. 여자는 남자의 팔짱을 꼭 움켜 끼고 한 걸음 물러서며 고개를 흔들어댄다. 아차, 내가 순간포착을 잘못했구나. 그들이 떨어뜨린 게 아니라 무심코 밟고 지나간 것이다.

지하도를 나오니 추위가 실감난다. 두껍지 못한 내 얼굴은 남들에 비해 추위를 많이 타는 편이지만 오늘따라 얼굴은 참을만 한데 손이 더 시리다. 얼굴은 방금 지하도에서 화끈 달아오르기도 했다. 맨 손으로 집을 나선 게 후회된다. 그렇다고 손에 들려 있는 털장갑을 끼고 싶은 생각은 없다. 한 손은 이미 호주머니 안에 들어가 있는데 장갑 든 손은 호주머니로 들이기도 꺼림칙하다.

치과 가는 길임을 깜박했다. 치아가 갑자기 욱신거린다. 병원 문을 들어서자 입구에 쓰레기통이 눈에 띈다. 녀석에게 좋은 세상 가라고 이별을 고하려는데 이상하다. 아뿔싸, 쓰레기통이 아니고 우산받이다. 보는 사람도 없고 천정에 매달린 외눈박이도 없다. 독하게 마음먹고 이별을 실천한다.

오래전 퇴근길에서다. 서면 뒷골목은 참새방앗간도 많다. 동료들과 업무밖업무를 한 차례 치른 후라 밤이 알맞게 깊었다. 장전전철역에 내려 급한 용무를 해결하고 시내버스로 갈아타면 바로 우리 집 앞이다.

화장실이 소란하다. 일을 본 사람이 바지 지퍼를 끌어올리며 계단을 내려오고 있다. 화장실 쪽을 돌아보며 무어라 중얼거리는데 무슨 말인지 알아들을 수가 없다. 뒤따르는 사람도 판박이처럼 행동한다. 평소보다 화장실이 좀 소란하기는 했지만 소변기 한 개를 차지하고 정조준을 위해 가늠쇠를 맞추는 중에야 사태를 파악할 수 있었다. 바람 한 점 없는데 오지랖이 살랑대기 시작한다. 나보다 먼저 용무를 마친 사람들은 하나같이 입만 한 번 삐죽거리며 지나친다.

젊은이 둘이 삿대질을 하고 있다. 격투기 같은데 체급이 완전히 다르다. 왜소한 체격에 만취한 청년이 고개를 쳐들며 시비를 초청하고, 덩치가 산 만해 묵직해 보이는 청년이 자꾸 밀리고 있다. 근심을 풀려 들른 신성한 장소에서 왜 또 다른 근심을 쌓으려할까. 일촉즉발의 분위기다. 아니나 다를까, 순식간에 덩치가 상대를 밀쳐 눕히더니 깔고 앉아 얼굴에다 주먹을 휘두를 판이다. 한 쪽이 죽을 수도 있겠다. 용무를 서둘러 마무리하고 지퍼를 잡아당기며 싸움에 끼어들었다. 삼촌뻘 되는 사람이 제법 깡을 부리며 참견하니 공격 중이던 덩치가 엉덩이를 일으킨다. 인상을 보니 원래 막돼먹은 아이는 아닌 것 같다. 그새 깔렸던 녀석이 일어나더니 또 엉겨 붙는다. 양아치들이 하는 배 째라 식이다. 내 딴은 좋은 말로 타이르는데 다시 육박전이다. 개싸움은 물이라도 끼얹으면 떨어진다. 이러다 오늘 저녁 집에나 갈 수 있을지.

엉기고 풀리기를 되풀이 한다. 한 녀석이 밀쳐내니 다른 녀석이 비틀거리며 또 달라붙는다. 중간에서 말리니 다시 떨어진다. 취권이 따로 없다. 잠시 소강상태인가 싶더니 다시 넘어지고 올라타고 난리굿이다. 다른 방법이 없을까 생각 중에 실마리가 풀린다.

경찰관 두 명이 들이닥친다. 누군가 112에 신고를 한 모양이다. 이제 집에 가야지 하는데 경찰관이 파출소까지 동행을 정중히 요구한다. 파출소가 전철역에서 그다지 멀지 않다.

이왕 젖은 몸이다. 삼십 여분이나 당사자들 심문 중에 증인심문이 간간이 이어진다. 다행히 내 증언에는 두 녀석 모두 고개를 끄덕인다. 거머리 같이 달라붙던 녀석이 술이 깨면서 제 정신이 드는가 보다. 세상살이가 호락호락하지 않은지, 오늘 누군가와 다투다 울분이 쌓인 게 분명하다. 덩치도 차츰 안정을 찾으며 원래 모습으로 돌아온다. 무엇보다 둘은 불구대천지원수가 아니고 오다가다 만난 게 전부다.

경찰관이 손을 내민다. 양쪽이 자신의 허물을 인정하고 화해를 원하니 훈방조치 예정이란다. 내가 먼저 일어섰다. 잘 가시라며 파출소 문을 열어준 이는 아까 사건현장에서 처음 만났던 경찰관이다.

버스정류장 조명이 그다지 밝지 않다. 채소 파는 할머니가 아직까지 앉아있다. 미나리가 떨이라는데 그냥 지나칠 수 없다. 두 무더기가 하나로 합쳐지면서 처음 부르던 가격이 싹둑 잘린다. 잘린 가격을 다시 붙이려하니 할머니가 한사코 말린다. 할머니도 미나리도 이제 오늘을 마무리한다.

검은 비닐봉지와 함께 버스에 오른다. 사타구니가 끈적거리는 기분이다. 허참, 얼떨결에 싸움에 참견하느라 제대로 털지도 못했구나. 오지랖 떨다가 바짓가랑이 젖는 줄 모르게 나의 하루도 저문다.

아내가 미나리를 손질하다 한 마디 던진다.

“또 전철역이오? 상한 게 반이 넘네.”

황금비율 찾기

일당백을 실감한 일이 있었다. '일당백'은 북한군에서 자주 쓰는 낱말이지만, 당연히 나는 한국군에서 경험했다.

훈련소 식당은 또 하나의 전쟁연습장이다. 똑같은 음식을 똑같은 시간 안에 처리해야 한다. '대한민국 육군정량' 만고불변의 문구가 잉태된 ○○훈련소, 물론 양도 똑같다. 3분, 5분이라고 압박이 들어오면 진짜 전쟁터가 된다. 시간이 초과되면 엉덩이에 구둣발이 날아온다. 시간에 쫓기게 만드는 것도 훈련의 일부였다. 전쟁 통에 프랑스요리를 먹을 수는 없다. 입은 단지 먹기 위해 달렸다는 걸 확인하는 순간이었다.

수용연대 시절에는 대부분 장정들이 묵언을 한다. 떠나 온 부모님 품이 이제야 그리워지고, 하루가 멀다했던 애인이 긴 시간 떨어져 있으면 탈이 나지는 않을지 불안하다. 무엇보다 고된 훈련을 참고 견딜 수 있을까라는 공포가 엄습하니 말하기조차 싫어진다. 그래도 또래들이 함께 뒹굴고 있다 보면 차츰 말문이 열리기 마련이다.

입의 반은 밥을 먹고 나머지는 수다를 떨고 있다. 곧 십만 촉광의 송충이 한 마리를 이마에 번듯하게 달게 되는 시기, 훈련이 거의 끝나가는 4~5주차 식당 풍경이다. 이때쯤이면 번개식사 훈련은 끝이 난다. 몸과 마음이 군바리로 단련되어가면서 한껏 여유가 생긴다. 군바리는 외계인 보다야 사람을 더 닮았지만 어찌 보면 독특한 인격체였다. 영화보고 온 아이에게 '극장에 사람 많더냐.' 고 물으니 '사람은 없고 군바리만 수북하더라.'던 시절이었다. 1970년대 12군번 시절이니 요즘은 많은 게 달라졌을 게다.

오랜 기간 비하와 조롱을 받으면서도 '군바리'들이 나라를 지키고 있다. 인간 세상에서 남을 위한, 희생의 종류가 수없이 많지만 이십대 청년들의 국방의무수행보다 숭고한 것은 없으리라. 자신의 앞날을 개척해야 하는 황금 같은 시절의 정력을 오롯이 나라위해 바친다는 건 예삿일이 아니다.

훈련소 식당이다. 수백 명이 한 마디씩만 해도 개구리 천국인 오뉴월 들판보다 더 난장판이 된다. 외마디 소리가 공기를 가른다. "쐐끼들, 밥을 아가리로 처먹냐!" 우리 중대 기간병 중 가장 졸병인 어느 이등병이다. 겨우 뒤꼬리가 떨어져나가고 온전한 개구리 형상을 한지 두어 달 되었을까. 올챙이 적 생각을 할 겨를도 없었나보다. 인상착의와 행동거지가 유독 고문관을 닮은 사나이였다. 상관에게 꾸중을 들었던지, 애인이 고무신을 바꿨다는 소식이 당도했는지 둘 중 하나가 틀림없다.

군대 내에서 화풀이가 어느 정도 용인되던 때였다. 평소 사람 좋다고 소문난 중대장이 돌변해서 알아보니, 그의 아내가 풀밭에서 용변을 보다 말벌에 쏘여 잠자리에 문제가 생겨서라는 소문도 있었다.

순간 식당 안은 쥐죽은 듯 조용해진다. 훈련병 몇 백이 이등병 하나를 당해낼 수 없다. 일당백이 아니라 천, 만도 가능한 집단이다. 군대는 인간세상에서 가장 엄격한 계급사회다. 그 많은 개구리들이 머리를 총알같이 떨구고 밥을 입으로 끌어넣고, 와중에도 몇몇은 서로 눈을 주고받으며 찡긋거린다. '입으로 밥을 먹는 게 맞다.' 그제야 이등병은 머쓱한지 머리를 긁적이며 활짝 열려있는 식당 문을 한 번 박차고 나간다.

그날 이후 궁금증 하나가 새로 생겼다. 입의 첫 번째 임무가 과연 무엇일까. 음식을 먹는 것인가 아니면 말을 하는 것일까. 상황에 따라 그때그때 내게 유리한 쪽으로 판단하고 있으나 찜찜하다. 짐승도 입을 가지고 있지만 사람과는 사뭇 다르다.

말이 우선인가. 인간은 말을 하지 않고 눈빛만으로도 어느 정도 의사전달이 가능하다. '나에게 말해요 진실을 말해요 따스한 마음을 눈으로만 말해요.' 심지어 입보다 눈이 마음을 더 잘 전달할 때도 있다. '나는 자연인이다'라는 프로그램이 있다. 자연인 대부분은 몇 달 몇 년 동안 대면대화 한 마디 없이 혼자 살아간다. 멧돼지 가족이나 산새들과 대화한다는 자연인도 보았으나 쉬이 믿기지 않는다. 나도 텃밭에서 며칠 동안 사람 한 번 만나지 않을 때가 허다하지만 멀쩡하다. 십여 마리가 넘는 고양이가 있지만 먹이를 주고받는 관계이지 솔직히 말은 통하지 않는다. 깨달음을 이루기 위한 스님들의 면벽수련도 있다. 굶어 죽는 사람은 더러 있지만 말 못해 죽은 사람은 드물다.

그럼 먹는 게 먼저인가. 오랫동안 말문이 닫혀도 살 수 있지만, 한두 달만 입으로 먹지 않으면 목숨을 부지할 수 없는 걸 보면 그럴듯하다. 하지만 먹기 위해 입을 달고 다닌다면 짐승과 다를 바 없다. 딱 잘라 50%는 먹고, 나머지 50%는 말을 한다는 것도 정답이 아니다. 90대 10, 10대 90은 더욱 아니다. 그러면 51대 49 그것도 아니면 49대 51, 역시 머리만 혼란스럽다.

황금비율을 영영 찾을 수 없을까. '할까 말까 하면 하라' 하지만 말은 아니다. 엎질러진 술잔은 내가 포기하면 되지만 한 번 내 뱉은 말은 주워 담을 수 없다. 요즘 자주 실수를 한다. 할 말 다 하다보면 반드시 후회가 따른다. 하고 싶어도 입을 닫으면 다음에 그 입에서 함박웃음이 나온다.

황금비율 찾기를 포기해야 하나. 말수를 줄이고 먹는 역할을 늘리는 게 나만의 황금비율을 찾아가는 길이기도 하다. 사람 닮은 짐승보다 짐승에 가까운 사람이 더 낫지 않을까.

오늘따라 일당백을 감당하던 이등병이 생각난다.

배신의 추억과 흔적

아이들이 초등학교 때니 얼추 삼십년이 되었다. 회사에서 운영하는 수안보온천 휴양시설에 며칠 묵을 기회가 있었다. 입소자들을 위한 장기자랑 시간이다. 신혼부부 한 쌍 중 신랑인 직원이 넥타이차림에 마이크를 잡고 한 곡 뽑아낸 '배신자'는 우레 같은 박수와 함께 선물을 한 아름 받았다.

♪ 얄밉게 떠난 님아 얄밉게 떠난 님아
♪ 배신자여 배신자여 사랑의 배신자여

신혼여행 온 새 신랑이 신부와 대중 앞에서 부를 노래는 아니었다. 전혀 어울리지 않을 것 같은 분위기에서 풍겨 나오는 묘한 맛을 나 혼자만 느꼈을까. 그 날 신랑이 신부에게 혼이 나지는 않았는지, 가끔 걱정이 되면서도 잘 살고 있으리라는 확신이 늘 앞섰다.

나는 그때부터 습관 하나가 새로 생겼다. 멜로디와 노랫말에 중독성이 있다. 아내에게 기억을 불러보라니 매끄러운 온천수와 노래자랑은 남아있는데, 배신자는 '배'자도 없다고 한다. 대신, 쪽머리를 한 어머니가 며칠 전 집에서 머리를 감았다고 머리에 온천수가 한 방울이라도 튈까봐 조심하더라며 웃어넘긴다. 살면서 수시로 들은 이야기라 나는 별로 우습지 않지만 갑자기 어머니가 보고 싶어진다.

아내가 알면서도 시치미를 떼는 건 아닌 것 같다. 등을 보인다는 배背자는 많은 사람에게 친숙한 글자는 아니지만 누구나 가끔 한 번씩 씹어보는 글자이기도 하다. 딱히 배신을 당해본 경험이 없는 나도 그때부터 무료하거나 머쓱해지면 배신자 가사를 웅얼거린다.

퇴직 후에는 정장을 할 일이 드물다. 드물다 보다 거의 없다가 사실에 더 가깝다. 결혼식이나 장례식장에 갈 때도 운동화에 간편복이면 무난하다. 빨강이나 노랑 울긋불긋한 색상만 피하면 남의 눈총을 받을 이유도 없다. 양복과 넥타이에 구두까지 삼박자를 맞출 일은 장차 딸애 결혼식밖에 없다는 생각도 변함없다. 딸애가 나의 바람을 알고는 있을까. 넥타이는 서너 개를 남겨두고 이미 텃밭에서 노끈 대신 사용했다. 구두도 두 켤레만 남기고 처분한 지 오래다.

욕심이 화를 불렀다. 딴은 중요한 자리라는 판단에 십여 년 만에 삼박자를 갖추고 보니 어색하기 짝이 없다. 들판 허수아비가 할아버지 젊은 시절 양복을 입은듯하다. 집에서 걸어 갈 수 있는 거리였다. 왠지 발아래 분위기가 이상함을 감지했지만 설마하고 계속 발걸음을 옮겼다. 오랜만에 해보는 정장차림이라서인지 사뿐사뿐하고는 거리가 멀다. 물먹은 눈을 밟는 것처럼 무엇이 달라붙었다 떨어지기를 반복한다.

아뿔싸. 행사장에 도착하고서야 사태가 심각함을 알았다. 구두 굽이 흐물흐물 녹아내리고 있다. 내가 앉은 의자 밑 반질반질 윤이 나는 바닥에 검은 얼음부스러기 같은 게 널려 있다. 방금 들어온 길을 곁눈질 해보니 까만 싸락눈을 여기저기 흩뿌려 놓은 것 같다. 행사가 막 시작된지라 퇴장도 쉽지 않다. 자리를 박찬들 흔적을 숨길 수 없다. 올 적 갈 적 더욱 선명한 자국으로 남들의 시선을 끌어 모아 부스럼을 더 크게 만드는 꼴이 될 게 뻔하다.

무정한 세월이 무섭게 다가온다. 가죽으로 된 본체는 상하지 않았는데 고무로 만든 굽이 산화된 것이다. 말없이 흐르는 세월이 이다지도 처참한 상황을 만들기도 하는구나. 사람도 오랜 세월 외톨이가 되면 스러질 수 있겠구나.

녀석은 십여 년간 신발장 한 구석에 갇혀 있었다. 명색이 신발이지만 제 발로는 한 발짝도 걸어 나갈 수 없으니 바깥세상이 얼마나 궁금했을까. 하루가 멀다 하고 들락거리는 운동화를 보며 행복했던 시절을 그리워하지는 않았을까. 긴 세월 동안 눈길 한 번 주지 않는 주인을 원망하느라 잠이나 제대로 잤을까. 배신감을 참아내느라 저리도 물러터진 건가.

덜컥 겁이 난다. 원한 맺힌 마음에 앙갚음을 할지도 모른다. 오랜 세월 나를 따라 다닌 녀석이다. 그냥 졸졸 따라다닌 것도 아니다. 출근시각에 쫓기는 몸뚱이를 짊어지고 발바닥에 땀이 나도록 달음박질을 밥 먹듯 했고, 비 오는 날은 고인빗물을 골라 주느라 신경을 곤두세웠다. 퇴근길에 참새방앗간 몇 곳을 섭렵한 날은 갈지자를 최대한 펴주려고 안간힘을 쓰기도 했다. 주인의 온갖 비리와 비밀까지 알고 있을 게 뻔하다. 지금이라도 잘 보여 녀석이 입을 다물게 해야지.

집에 돌아와서 보니 굽은 흔적조차 없다. 구두가 발레신발이 되어있다. 굽이 사라진 본체를 쓰레기봉투에 담으려다 마음을 고쳐먹는다. 굽과 본체가 한 몸이라지만, 굽 때문에 본체까지 버려지면 사라진 굽일망정 얼마나 자책할까. 배신자는 나다. 배신자 입맛대로는 구두를 두 번 죽이는 일이다. 전철역 가는 길 구둣방이 떠오른다.

나를 받쳐준 많은 손길들이 있다. 덕분에 지금 여기까지 걸어왔다. 아직 갈 길도 조금 남았다. 심지가 굳어야 발병이 나지 않는다. 새 인연을 만드는 것도 중요하지만 옛 인연의 끈을 조이는 것은 더욱 소중한 일이다.

얄밉게 돌아서는 것은 배신이다. 긴 세월 한 번도 찾지 않은 것은 더 큰 배신이다. 소원했던 얼굴들이 없는지 한 번 살펴보아야지.

또 입에서 배신자 가사가 튀어나오려한다.

귀차니즘 경계

주면 반드시 받고 싶은 게 있다. 인사다.

"수고하세요." 버스가 그냥 휑하니 달아난다. 내리고 나니 뒤가 허전하다. 오늘도 판단을 잘못했다는 생각을 지울 수 없다.

텃밭 나들이에 가끔 시외버스를 이용한다. 시내버스야 많은 사람들이 수시로 오르락내리락하니 굳이 인사를 주고받지 않아도 뒤가 당기지 않는다. 시외버스는 다르다. 나는 탈 때나 내릴 때나 먼저 인사를 던진다. 내릴 때는 손해를 무릅쓰고라도 인사를 건넨다.

가끔 종점에서는 큰 손해를 본다. 줄지어 내리는 승객 누구도 기사에게 인사를 건네지 않는다. 아직 핸들에 양팔을 얹어놓고 있는 기사님이 얼마나 서운할까, 나라도 나서야지. "수고하셨습니다." 눈만 멀뚱멀뚱 묵묵부답이다.

'안녕히 가세요.' 인사말이 먼저 나오는 경우는 드물다. '수고하세요.'에 '안녕히 가세요.'만 나와도 본전은 된다. 안녕히 가세요가 먼저 나오는 날은 텃밭 올라가는 발걸음이 한결 가볍다.

손해 보지 않으리라 몇 번을 다짐했지만 허사다. 모질지 못한 마음 탓이다. 인사를 주었는데 메아리가 돌아오지 않으면 서운함을 넘어 불쾌하기까지 하다. 시외버스는 비교적 장시간 달린다. 운명을 함께 하는 사이라면 기본인사는 주고받을 줄 알아야 한다. '반갑습니다, 어서 오세요, 수고하세요, 안녕히 가세요.' 긴 문장도 아니다.

인간은 변덕이 심한 동물이다. 인사를 건네기는커녕 받기도 귀찮을 때가 있긴 있다. 심신이 미약할 때다. '인사를 받아줄 인상인가, 할까 말까, 내가 왜 이러지' 손해도 무릅써야지 하면서도 늘 저울질한다.

인사를 절제해야 할 때도 있다. 등산길이 그 중 하나다. 인사를 잘하는 친구 하나는 마주치는 등산객을 그냥 보내는 일이 없다. 관광버스 한 대 팀을 만나면 한꺼번에 수십 차례의 인사가 이어진다. 쌍방이 꼬리를 달고 있는 등산길이라면 무리 중 앞선 사람이 대표 인사를 던져도 어색하지 않다. 꼬리가 길다 싶으면 중간에 한 번씩 적막을 끊어주면 된다. 그래도 인사는 모자람보다 과한 게 낫다. 산길에서 기차보다 긴 행렬 두 개가 교체하며 모두가 묵언수행을 하는 장면을 생각해보라.

인사를 강조하다 보면 어색할 때도 있다. 직장에서도 인사를 소홀히 해서는 안 된다. 구내식당에 삶은 양배추와 탱글탱글한 다시마가 나와 양손을 총동원해서 열심히 쌈을 싸고 있는데, 김 과장이 서울출장 잘 다녀왔다고 덥석 손을 낚아챈다. 화장실 소변기에 붙어있는 파리 한 마리를 향해 화력을 총동원해 집중사격을 퍼붓고 있는데, 이 대리가 엉덩이에 바짝 붙어 꾸벅 인사를 건네니 수도꼭지 잠기듯 물줄기가 뚝 끊긴다. 아무려면, 어색하고 귀찮아도 다른 거라면 몰라도 인사는 받는 게 맞다. 더욱이 오는 인사를 묵살하면 오줌줄기가 문제가 아니라 정이 끊긴다.

과유불급에 예외가 있다면 인사일 게다. 회사 안에서 하루에 몇 번을 만나도 인사를 건네는 박 군이, 출근시간에 한 번 인사했다고 복도에서 만나면 뾰로통해 고개를 홱 돌리는 최 양보다 훨씬 예쁘다.

반세기 전 떠오르는 인사가 있다. 나는 육군병장 출신이다. 도회지에서 장교를 만나면 거수경례를 빠뜨리지 않았다. 우리부대 장교가 아니라도, 육해공군을 가리지 않고 똑같은 대우를 해주었다. 나 또래의 소위나 중위계급은 길거리 경례에 자못 당황하며 반갑게 응수를 해준다. 그들뿐 아니라 나도 기분이 좋다. 대부분은 눈빛만 피하며 그냥 지나치는데 따져드는 장교는 없다. 지금 생각해도 장병 간 인사는 군전투력 향상에도 이바지한다고 자부한다.

활짝 열린 문에 호기심이 발동한다. 할아버지 몇 분이 경로당

청소를 하고 있다. 평소 눈여겨 보아둔 곳이다. 내가 정식회원 신분으로는 한 번도 들어가 본 적이 없는 공간이지만 언젠가는 내 집처럼 드나들 때도 있으리라. 장차 나의 아지트랄까 보금자리랄까, 생각만 해도 행복하다.

할아버지 한 분이 환하게 다가온다. 신입생이라도 맞이하는 것처럼 따뜻한 눈빛을 연신 보내는데 빗자루를 잡은 걸 보니 아직 서열이 한참 낮은 것 같다. '안녕하세요.' 한 마디만 던지고 돌아서는 내 머리 뒤로 빗자루 할아버지의 의아해하는 모습이 보인다. 미래의 선배님들에게 아직 내 얼굴을 팔리기에는 이르다는 생각이 든다.

할아버지 머리 위로 글귀가 보인다. '인사를 잘 하자!' 노인회 회장님이 쓴 것으로 보이는 '노인체'다. 산전수전 겪은 어르신들도 인사 잘 하기를 강조한다. 별거 아닌듯하면서도 쉽지 않은 게 인사다.

시외버스만 타면 자꾸 의구심이 발동한다. 내릴 때가 되면 운전기사 뒷머리를 열심히 관찰한다. 며칠 만에 또 버스를 탔다. 안전벨트를 풀면서 보니 뒷모습이 시원시원해 보여 어쩌면 반가운 일이 일어나겠구나 싶다. 가방을 둘러메고 쳐다본 모습은 또 다르다. 왠지 손해를 볼 것만 같다.

정류소에 서서히 차가 멈추자 조급해진다. 앞서 내리는 손님이 있으면 힌트를 얻을 수도 있는데 오늘은 나 혼자다. 가까이다가가 본 기사의 뒤태가 화면 가득하며 판단을 포기한다. 손익을 따지기에는 시간이 너무 촉박하다.

이미 내입에서는 '수고하세요.'가 튀어나오고 있다.

비릿한 그리움

빌딩주변 길거리나 학교 뒷골목에도 빈대가 들끓었다. 떼거리가 만드는 연무煙霧 속에는 으레 담배 얻어 피우는 빈대가 출현했다. 단지 빌딩아래는 어른 빈대, 학교근처에는 젊은 빈대가 붐비는 차이가 있었다. 세월이 흐르면서 인간빈대는 거의 멸종 수준인데, 난데없이 진짜 빈대가 등장해 지구촌이 소란을 떨고 있다.

초면인데 냄새가 고약하다. 금방이라도 구역질이 올라올 것 같다. 텃밭 이웃이 몸에 좋은 채소라고 넘겨준 씨앗이었다. 포슬포슬한 땅에 고이 묻고 수시로 목을 축여주었더니 며칠 만에 움이 튼다. 첫 만남을 시도하던 날 기억이 생생하다. 손가락에만 스쳐도 구역질이 나오는 노린재 몇 마리를 입에 씹는 기분이다. 그제야 '처음에는 입에 맞지 않을 수도 있다.'는 이웃의 귀띔이 떠올랐다.

만물에는 호불호가 있다. 어느 것보다 채소가 심하다. 바나나나

사과보다 오이를 더 좋아하는 아이가 있고, 냉면에 얹혀 나오는 오이채에 미간을 찌푸리며 젓가락으로 한 개 한 개 골라내는 사람도 있다. 방아나물이나 초피가루도 지방이나 개인에 따라 요리에 꼭 필요로 하는가하면, 주방근처에 얼씬거리지도 못하게 한다.

으뜸은 따로 있다. 그래, 이름이 빈대풀이라 했다. 그제야 아련히 그 맛이 떠오른다. 반세기가 훨씬 지난 후에 만난 맛인데도 반가운 마음이 쉬이 일지는 않는다. 집집마다 이와 벼룩과 빈대, 삼총사와 동거하던 시절이 있었다. 이와 벼룩은 가려움 때문에 시달리지만, 빈대는 거기에다 고약한 냄새까지 풍기니 참기 어려운 불청객이었다. 빈대풀이 빈대냄새를 그대로 품고 있다.

빈대 습격으로 세상이 시끌시끌하다. 1960년대 새마을 운동과 1970년대 DDT 살포로 빈대가 사라진 후 40여년만이란다. 프랑스 파리가 빈대로 쑥대 밭이 된데 이어, 영국 런던까지 비상이 걸리며 '빈대공포'가 전 세계로 확산될 기미를 보이고 있다. 먼 나라 이야기인 듯 여겼더니 며칠 만에 우리나라도 어느 아파트에서 30여 마리가 출현했다고 한다.

빈대와 빈대풀이 많이 닮았다. 빈대는 고온에 약해 45도의 열기면 살 수가 없고, 사람이 추위를 느끼는 정도의 온도인 18~20도를 좋아한다. 빈대풀 역시 여름에는 맥을 추지 못하다가 가을바람이 불면 생기를 되찾는다. 추운 겨울을 노지에서 넘기고 나면 본격적으로 세를 확장하고 여름이 오기 전에 하얀 꽃

구름을 만들며 절정기를 맞는다. 빈대풀이 뜨거운 햇빛을 싫어하듯 빈대 역시 빛을 싫어하는 야행성이다.

빈대에게 배운 인생 교훈도 있다. 정주영 회장이 청년시절 막노동할 때다. 합숙소에 빈대가 들끓어 잠을 잘 수 없게 되자 밥상위에 올라가 잠을 청했다. 하지만 이내 빈대들이 밥상다리를 타고 벌떼같이 올라와 물어뜯기 시작했고, 다리 네 개를 물 담은 양재기에 담가놓자 빈대들은 벽을 타고 천장까지 올라가 사람을 향해 떨어져 피를 빨았다. '하물며 빈대도 목적달성을 위해 저토록 머리를 쓰고 죽을힘을 다하는데, 나는 사람이 아니더냐.' 절대 포기하지 말고 최선을 다하라는 가르침이다.

삼총사는 저마다 인간들의 올바른 처신을 주문하는 역할도 했다. 아주 뻔뻔스러운 사람을 두고 '벼룩도 낯짝이 있다.'고 일침을 놓는다. 홀아비들의 게으름에 빗대어 '홀아비는 이가 서 말, 과부는 은이 서 말'이라고 꼬집는다. '빈대 잡으려다 초가삼간 다 태운다.'라는 속담은 당장 마땅찮은 것을 피하려는 조급함이 큰 사고를 저지르게 된다는 의미심장한 교훈을 준다.

빈대가 등장하면 바퀴벌레가 뒤질세라 따라나선다. 빈대와 바퀴벌레는 다르면서도 닮은 점이 많다. 빈대 못지않게 징그러운 존재가 바퀴벌레다. 흔히 여자들 틈 한 남자를 바퀴벌레라 부르는데 어폐가 있는듯하면서도 고개가 끄덕거려지기도 한다. 많은 남자 속에 하나뿐인 여자를 한 송이의 붉은 꽃에 비유해 홍일점이라 부른다. 한 송이 붉은 꽃은 장미 정도를 일컫는 것이지 절대 호박꽃은 아니리라. 바퀴벌레와 홍일점은 너무 격차가 커 자의든 타의든 바퀴벌레 범주를 넘나드는 이들에게도 좀 가혹하다는 생각을 지울 수 없다. 이러다 바퀴들이 빈대처럼 대거 창궐하지 않으리라는 보장도 없다.

빈대의 천적이 바퀴벌레라니 아이러니컬하다. 적의 적은 친구라지만 그렇지도 않다. 인간이 빈대를 싫어하지만 바퀴벌레도 혐오한다. 인간이 없으면 배를 곯아야 하는 빈대와 바퀴는 인간을 싫어할 이유가 없다. 뒤죽박죽 이상야릇한 관계로도 보이지만 삼각형을 만들어놓고 기로에 선 셋 사이는 분명 아니다.

나도 한동안 빈대를 많이 붙었다. 담배를 늘 품고 다니면 과흡한다는 핑계로 친구들에게 집게와 가운뎃손가락으로 만든 V자를 자주 내밀었던 시절이 있었다. 빈대의 길이 남에게 혐오감을 줄 수 있다는 생각을 하면서 아예 담배를 끊은 지 어언 강산이 서너 번 바뀌었다.

몇 차례 만나다 빈대풀에 빠져버렸다. 텃밭 빈대풀이 찬바람이 불면서 토실토실 살을 찌우고 있다. 오장육부가 뒤틀릴 것 같던 노린재 닮은 냄새가 어느새 며칠만 지나면 보고 싶어지는 그리운 맛이 되었다. 요즘 빈대풀과 친하다보니 빈대와 함께 살던 시절이 비릿한 그리움으로 되살아난다.

오늘 저녁에는 빈대풀 한 번 무쳐야겠다.

늦둥이의 만회

깊어가는 가을이 야속하다. 가지 끝에 익지 않은 무화과 열매가 올망졸망하다. 텃밭 뒷산 단풍이 슬금슬금 내려오더니 무화과를 덮친다. 다섯 손가락 잎사귀가 푸르죽죽하게 물이 드는가 싶더니 죽음의 검은 띠를 두르며 하나둘 가지를 떠나고 있다.

새끼열매가 불쌍해 보인다. 자신을 보살펴 주던 이웃을 다 떠나보내고 홀로 남은 어린 것이 혹독한 겨울을 견딜 수 있을까. 화를 당한 어미닭의 뱃속 알집 인연 줄에 매달린 크고 작은 노란 구슬들의 운명을 보는 것 같다. 오동통 반지르르한 팔손이 손바닥 같던 잎사귀가 실핏줄이 굵어지고 저승꽃이 만발하면서 손아귀 힘이 빠져나간다. 겨울이 되면 혹독한 추위가 몰려올 텐데 이불처럼 감싸주던 잎사귀마저 사라지고 나면 새끼들이 살아남을 방도가 없다.

그사이 무화과와 많이 친해졌다. 여름 뙤약볕 아래 농부 이마에 맺힌 땀방울을 씻어주는 데는 무화과의 달콤한 맛에 비할 게 없다. 여름 텃밭에는 무화과가 아니면 딱히 먹을 과일이 없다. 말벌과 익은 열매를 두고 다투다 손가락에 벌침을 맞았을 때는 팔목을 거쳐 어깨까지 화끈거리는 곤욕을 치렀다. 직박구리는 정찰병 두어 마리가 나타나면 으레 잠시 후 소대병력이 기습을 한다. 말벌과 직박구리가 무화과 품속을 들락거리기 시작하면 농부는 가을채비를 서둘러야 할 때임을 가늠한다.

무화과 쓰임새가 또 있다. 그린벨트지역이라 수세식 화장실을 사용할 수 없는 텃밭에서는 여름 한 철 구더기와의 전쟁에도 땀을 흘려야 한다. 왕겨로 바닥을 덮어씌우고 목초액을 수시로 뿌려대어도 효과가 신통찮았다. 무화과 잎을 썰어 푸세식 바닥에 뿌려주면 구더기와의 전쟁에서 백전백승 할 수 있다는 걸 너무 늦게 알았다.

이듬해 봄 반전이 일어난다. 설익은 열매는 추위에 떨다가 대부분 흙으로 돌아가는데 겨우내 가지 끝에서 삭풍을 견디며 살아남은 녀석들이 있다. 가지 끝 부분에 매달려 다 자라지 못하고 추위를 맞은 작은 배아들이다. 이들은 무화과 새 꽃이 피기 전에 이미 몸을 만든다. 새로 핀 꽃이 콩알만 한데 녀석들은 벌써 두 살배기 주먹만 하다. 생명 줄이 한 가닥이라도 남아있을까 싶을 정도로 쪼글쪼글한 피부에 까무잡잡하게 저승꽃이 만발한 녀석들의 얼굴이 봄바람을 먹고 생기가 돈다. 한 해 늦게 가지에 달라붙은 후배들보다 농부에게 빨리 기쁨을 선사한다. 연민의 정을 품던 마음이 기우였음을 이 태만에 알게 되었다.

인생도 마찬가지다. 오랜 기간 온갖 고난과 역경을 이겨내고 성공한 인생을 대기만성이라 한다. 혹독한 시련을 참고 넘기면 반드시 햇살이 돋는다. 포기하지 않고 기다릴 줄 아는 게 가장 중요하다.

구체적인 사례도 허다하다. mRNA 백신개발의 토대를 마련하여 코로나19위기를 극복하는데 기여한 두 명의 과학자, 커털린 커리코와 드루 와이스만이 2023년 노벨의학상을 받았다. 이들은 재직한 대학에서 쫓겨나고 대부분 연구과제에서 낙방하였을 뿐만 아니라, 주요 매체에서 논문게재까지 거절당했지만 끝까지 포기하지 않았다. 코로나전戰 승리에 이어 독감이나 암 정복도 가능해졌다니 인간승리가 아닐 수 없다. 이들이 수십 년간 닥친 여러 가지 시련에 한 번이라도 굴복하였다면 열매도 없었으리라. 생명의 끈을 놓지 않고 길고 추운 겨울을 넘긴 무화과 열매에 이들이 겹쳐진다.

늦둥이를 품은 사람들이 또 있다. 아스팔트로도 불리는 피치의 점도를 확인하기 위한 낙하실험인데 인간세상에서 시간이 오래 걸리는 실험 중의 하나다. 1927년 시작 1947년에 첫 방울이 떨어진 이후 2014년에 9번째 방울이 떨어졌으니 10년 단위로 한 방울이 떨어진 것이다. 96년째 대를 이어 실험이 진행 중이다. 이들도 언젠가는 열매를 볼 수 있으리라.

나도 지금 기다리는 중이다. 텃밭 화장실에 앉아 용을 쓰다 보니 애꿎은 시간만 죽어나간다. 해거리 탓에 띄엄띄엄 매달린 대봉감이 그나마 물러터지기 직전이라 서너 개를 선수쳤더니 항문이 요지부동이다. 어린 시절, 감나무 밑에서 울고 있으면 어머니가 손잡이 끝이 둥그스름한 군용숟가락을 거꾸로 들고 문제를 해결해 주었다. 어머니 손길을 기다릴 수 없는 지금은 스스로 헤쳐 나가야 한다. 꽤 오래 되었는데 소식이 없으니 자꾸만 조급해진다. 화장실 문틈으로 가지 끝에 오밀조밀 붙어있는 무화과 새끼들이 바라보인다.

매사에 서두르지 말자. 다시 한 번 마음을 다잡는다. 무화과와 백신도 참음과 기다림의 선물이었다. 아직 꽃잎도 보이지 않는 피치실험도 반드시 열매를 맺는 순간이 오리라.

눈을 지그시 감고 심호흡을 한 번 내지른다. 어디서 날아왔는지 직박구리 한 마리가 무화과 열매를 짓이기며 꿀을 빨고 있다. 갑자기 뒤가 뻥 뚫린다.

마지막 조건

엉겁결에 땅에 발을 딛고 보니 사방이 깜깜하다. 겨울밤에 비까지 부슬부슬 내린다. 집을 나설 때 하늘이 심상치 않았지만 설마하고 우산도 챙기지 않았다. 스스로 돕지 않았으니 비를 맞아도 싸다.

정신을 차리고 보니 예삿일이 아니다. 부들부들 떨리기까지 한다. 추위보다 내가 지금 무서움에 떨고 있다는 사실을 알기까지는 얼마 걸리지 않았다. 한 줄기 찬바람이 뺨을 훔치니 더욱 실감이 난다.

방금 시외버스에서 내렸다. 텃밭 가는 길이다. 빗줄기 사이로 어렴풋이 비추는 한 가닥 빛 덕분에 '천자봉공원묘지' 정류소팻말이 가까스로 눈에 들어온다. 멀리 주유소 불빛 외에는 해가 지면 인적이 끊기는 외진 고개다. 공원묘지가 들어설만한 조건이 딱 들어맞는 곳이다. 묘지에서 수군거리는 소리가 들리는듯하다. 주인공 모두가 저마다 바라던 천국이나 극락에 갔을까. 구천을 헤매고 있는 원혼은 없을까. 누군가 금방이라도 뒷덜미를 낚아챌 것 같다.

버스에 오르기 전 친구 만나 술 한 잔 나눈 게 발단이다. 그것도 출발시각에 맞추느라 느긋하지 못했다. 알딸딸한 기운 때문에 내려야 할 정류소를 깜빡했다. 급하게 넘긴 술 탓으로 혼미해졌음을 후회한다.

머리를 서너 차례 흔들어 본다. 마침 시내버스가 다니는 길이다. 되돌아 칠흑 같은 길을 걷기 시작했다. 지나가는 자동차 불빛은 하나도 도움이 되지 않는다. 오히려 자동차가 스쳐간 직후 잠시 동안은 망막이 섬광에 찔렸는지 한 치 앞도 보이지 않는다. 헤드라이터에 대고 손을 흔들 엄두도 나지 않는다. 흔들어보아야 팔만 아플 게 뻔하다.

한참을 걷다보니 시내버스 정류소가 나타난다. 가슴이 콩닥거리고 머리가 주뼛주뼛해진다. 간절하면 하늘도 손길을 내민다. 이마에 벌건 번호판을 매달고 달려오는 구세주가 보인다. 버스에 오르니 띄엄띄엄 앉아있는 대여섯 승객의 시선이 한 가닥으로 묶여 나를 향해 채찍처럼 달려든다. 겨울밤 물에 빠진 생쥐꼴을 하고 공원묘지 정류소에서 무엇에 쫓기듯 차에 오른 늙수그레한 사내가 이상하게 보이지 않을 수 없다.

거센 바람에 쫓기는 파도처럼 자책이 밀려온다. 내려야 할 정류소를 지나치던 그 찰나를 잡을 수 있었다. 비몽사몽간에 눈꺼풀이 떨어졌을 때, 분명 출입문은 닫히고 있었지만 자동차 바퀴는 아직 구르지 않고 있었다. 자리를 박차고 일어나며 고함이라도 질렀다면 판국은 달라졌으리라. 웬만한 기사라면 손님의 다급한 사정을 외면하지 않는다. 배려 운운하기 전에 놀라서라도 브레이크를 잡는다.

나는 결정적인 순간에 가리산지리산하는 습관이 있다. 이럴 때마다 한 숨 돌리는 게 맞다 자위하지만, 기실은 다른 사람의 시선을 의식해서가 아니라고는 말할 수 없다. 점잖은 척, 양반인 척, 수양이 된 척, 척척척 하다 후회 한 일을 평생 쌓아두었다면 텃밭 뒷산보다 결코 낮지 않으리라. 생시로 돌아온 그 순간, 안면몰수하고 스프링처럼 튀어 오르며 외마디 소리를 한 번만 내질렀다면 공원묘지까지 가지 않은 것은 물론, 사시나무 떨듯 하거나 호들갑 떨 일도 없었으리라.

오래전 출근길이다. 그 때는 퇴근 후에 동료들과 어울려 꽤나 방앗간을 드나들었다. 전날의 참새질로 오락가락하는 정신을 놓치지 않으려 허벅지를 긁어가며 악전고투를 하다 지하철에서 내렸다. 내가 목표로 한 서면역이라 일단 안도의 숨을 내쉰다. 출근시각이 임박해 에스컬레이터에 줄을 설 여유가 없다. 계단 두 개를 묶어 뛰어오르다 보니 남은 게 세 개다. 기합을 넣으며 마지막 발을 내디디니 기분까지 상쾌해진다. '찰카닥' 개찰구와 교통카드가 만나는 소리마저 경쾌하게 들린다.

출근길이 지금까지처럼 순조로우면 지각은 면하겠다는 생각에 이르자 만면에 희색이 돈다. 그래도 서둘러야 한다. 지하상가를 뛰다시피 하며 세상에서 제일 바쁜 사람처럼 무자치 전공인 S자를 그리며 서둘러 출근하는 이 사람 저 사람을 앞지른다. 그 와중에도 다른 사람의 눈치를 보고 있다. 내가 앞지를, 뒤통수만 보이는 저 사람이 혹시 오늘아침 나와 비슷한 처지인 동료직원은 아닐까. 아니야, 이 시각이면 모두 출근했을 거야.

“선배님, 어디 가십니까.” 나를 부르는 소리다. 순간 가슴이 철렁하고 번갯불이 번뜩한다. 맞은편에서 나와 비슷한 속도로 달려오는 이가 있다. 지난 인사 때 발령받아온 영업과 김 군이다. 저 후배도 꽤나 술을 좋아한다는 소문이 났더니만, 소문이 소문만은 아니었구나. 아뿔싸. 내 꼬락서니를 보자. 그런 생각을 할 여유가 없다. “잠시 볼 일이 있어서….” 입에서 나도 모르게 튀어나온 말이다. 후배는 이상하다는 눈치를 바람결에 날리며 아까보다 더 빠른 속도로 쏜살같이 멀어져간다.

내가 지금 역주행을 하고 있다. 최종 목적지와 점점, 그것도 급속도로 멀어지고 있는 것이다. 후배가 시야에서 사라졌음을 뒷머리에 달린 천리안이 확인하는 순간, 핸들에 무리가 갈 정도로 급 유턴을 한다. 엔진이 타도록 액셀러레이터를 밟으며 다음 출구에서 화산이 폭발하듯 땅으로 솟구쳐 올랐다. 태화백화점에 걸려있는 봄맞이 바겐세일 현수막이 결승선 테이프 같이 나를 보고 손짓한다. 아직 문을 열지 않아 인적이 드문 공구상가들을 끼고 있는 서면뒷골목을 냅다 달렸지만, 역부족이었다.

혼비백산한 가운데 가끔 찾아오는 그 의문이 꼬리를 문다. 내가 지금 왜 이러고 있지. 지하도에 비하면 갑절은 돌아가야 하는 길인데도 죄지은 사람처럼 이를 감수하며 좁은 골목길을 헤치고 있다. 정상 주행을 했어도 출근시간에 간당간당했는데, 지각은 따 놓은 당상이었다. 후배 덕분에 방향이 잘못되었다는 사실을 알았을 때, 바로 인정을 하고 기수를 돌렸더라도 후회하지 않았으리라. 후배와 어깨를 나란히 하고 사무실을 향하여 달음박질쳤다면 또 다른 추억이 되었을 터인데.

언제까지 주위 눈치를 보며 살아야하나. 내릴 때는 즉금 내려야 한다. 우물쭈물하다가 손해를 보거나 생고생을 하는 게 일상이 되어버렸다. 남의 시선을 피하려다 오히려 시선들로부터 집중포화를 받기도 했다. 텃밭 가는 버스나 지하철 출근길뿐만 아니다. 세상사 마찬가지다. 되돌아가거나 멈추어야 한다고 판단되면 미련을 접고 재빨리 실행에 옮겨야한다.

신언서판身言書判, 사람살이에 필요한 조건들이다. 그렇다고 모두를 붙잡고 씨름할 한가한 나이가 아니다. 남은 시간은 한 개라도 제대로 붙들고 살자. 넷 중 제일은 판判이다.

공원묘지 정류소에는 두 번 다시 가지 않으리라. 잘못된 길이라면 빨리 발길을 돌려야지. 이런저런 생각 중에 방금 지하철 안내방송이 나왔던가 싶더니, 전동차 문짝이 나를 쳐다보며 두 팔을 활짝 벌리고 있다. 바짓가랑이에 붙은 먼지 털어내듯 전동차를 떠나보내고, 나름 판단과 행동은 빨랐다고 자평해 보지만 왠지 씁쓰레하다.

계단을 한 개씩 오른다. 이제 계단을 축지縮地할 필요도 없고, 기력도 모자란다. 한 계단씩 올라야 제 맛이라는 사실을 너무 늦게 알았다. 또 한가지, 지금부터라도 내 방식대로 살자

오늘은 나오는 웃음까지 쓰다.

신입백수들에 고함

텃밭 가는 길, 고시합격 축하현수막 아래서 마을 어르신을 만났다. 어깨에 메고 있던 삽을 손으로 고쳐 잡고, 삽자루 끝으로 현수막을 가리키며 한 말씀하신다. "장하다 장해. 어려운 일 해냈다. 우리 마을 경사 났다."

'○○○군의 사법고시 합격을 축하드립니다. (본동 ○○○의 자제) ○○마을 주민일동'

본동 전체 가구가 도회지 아파트 한 동보다 작다. 가난한 농군의 아들이 더러 고시에 합격하던 기적, 개천에 용 나던 시절이 떠올랐다. 찬사를 보내면서도 내 마음은 환하지 못해 아쉽다.

농사꾼 10여년에 올해가 가장 심각하다. 마늘농사가 폐농수준이다. 마늘대 절반 이상이 저절로 누우면 수확적기다. 이웃밭들보다 빨리 익어 지난해 가을 다른 때보다 좀 일찍 심은 탓이려니 했는데 그게 아니다. 익은 게 아니라 시든 것이다. 병충

해가 틀림없다. 해가 갈수록 농사일이 어려워진다.

고추농사를 포기한 이웃이 있다. 농사를 꽤 오래 하신 분이라 모르는 게 있으면 자주 물어보는데 거의 정답이 나온다. 산전수전을 겪은 고수가 이태를 이어 탄저병 세례를 받더니 두 손을 들었다.

고추농사는 다른 작물에 비해 까다롭고 손이 많이 간다. 풋고추 전용은 그런대로 수월하지만, 고춧가루 맛을 보려면 정성에다 운까지 따라주어야 한다. 운칠기삼이 더 어울리겠다. 땅이 녹자마자 밭을 갈고 두둑과 고랑을 구분 짓는다. 퇴비를 하고 토양살충제를 뿌린 후 며칠을 기다린다. 멀칭을 덮고 드디어 모종을 낸다. 덩치를 키우기 위해 모종한 지 보름 만에 요소를 하고, 돌아서자마자 부러지지 않도록 지지대를 세운다. 뿌리가 충분히 내리기 전까지는 아침저녁 물 관리를 며칠만 소홀히 해도 맥을 못 춘다. 하루아침 추위에 냉해를 입어 모종을 다시 내는 해는 풍작에서 더욱 멀어진다.

아직 준비가 끝난 게 아니다. 충해가 올까봐 수시로 농약을 살포한다. 병해충 징후가 보이면 비상이 걸린다. 농약을 한 번도 주지 않고 고추농사를 짓는다는 무용담은 모두 거짓말이다. 농약에 찌들 지 않도록 두 번 줄 걸 한 번 주고, 마음속으로 내 고추 잘 살려달라고 기도할 뿐이다.

단오가 지나면서 갓난아이 고추만한 고추가 조롱조롱 매달린다. 눈 깜짝할 사이 막대풍선처럼 부풀어 오른다. 매미가 울기 시작할 무렵 붉은 옷으로 갈아입는가 싶더니 아뿔싸, 어느 날 갑자기 고추밭이 흐물흐물 녹아내린다. 고추가 가장 무서워하는 죽음의 그림자, 탄저병이다. 더 이상 고추에 미련을 둘 수 없다. 모종 낼 때 희망이 막판에 절망으로 바뀐다. 이쯤 되면 고추나무만 죽어나는 게 아니라 농부도 죽을 맛이다.

직업이 농부인 고향친구한테서 안부전화가 왔다. '뭐하고 있냐.'고 물어 '마늘 캐고 있다.'니 펄쩍뛴다. 폐농 '폐'자는 꺼내지도 않았다. 10년 경력은 그 친구도 아는 사실이다. 마늘은 썩어 문드러져도 자존심은 싱싱하게 살아있다. 반풍수가 그 어려운 마늘농사를 하느냐고 금방 반문이 들어온다. 자신은 마늘농사를 오래전에 포기하고 사 먹는다고 한다. 깐마늘을 사 먹으면 훨씬 편리하다는 정보까지 준다. 전업농부가 마늘농사를 무서워하는데 늦깎이 텃밭농사꾼이 얕보고 있다.

친구와 통화 중에 본동마을에서 앰프소리가 들린다. '마늘 왔습니다 마늘, 저장마늘 왔습니다.' 농촌에서 마늘농사 짓지 않는 농가가 한두 집이 아닌 모양이다. 순간 마늘농사를 포기하고픈 유혹에 빠진다.

텃밭마을에 농신農神 한 분이 계신다. 아까 현수막 아래서 만났던 그 어른이다. 70년 이상 농사일을 하고 곧 90줄에 다다르는데 아직 현역이다. 길에서 만날 때마다 쌓아놓았던 궁금증 보따리를 확 풀어놓고 여쭌다. 그 분도 머리를 절레절레 흔드는 게 가끔 있다. '농사일은 100년을 배워도 다 알 수는 없다'라는 말로 늘 끝을 맺는다.

나이 들어 뭐 할래 물으면, '농사나 짓지'라는 답변이 많다. 백수 간판을 달고 보면 쉬이 끌리는 일이 '농사 짓기'라는 말은 맞다. 하지만 농사를 얕보면 코만 깨는 게 아니라 허리까지 부러진다. 씨앗을 뿌려놓으면 햇볕이 쪼여주고 바람도 살랑살랑 불어준다. 땅이 마르지 않도록 이른 비를 적당히 주고 늦은 비도 잊지 않고 내려주니 절로 자랄 것 같지만, 천만의 말씀이다.

자연에는 없고 인간 세상에만 있는 게 요행이다. 요행은 참 요사하다. 농부가 요행을 바라는 건 더욱 괴이하다. 난관에 부딪쳐 본 사람이라면 '그래 농사나 지어보아라'는 빈정거림이 나올 수도 있다. 하늘에 기대야하는 일일수록 하늘을 우러러 한 점 부끄럼 없어야한다.

'골프나 치지, 산에나 가지'는 누구나 마음만 먹으면 할 수 있다. '여행이나 다니지'도 그다지 어려울 게 없다. 다른 데 좀 아껴 쓰고 최소한의 건강만 받쳐주면 도전해 볼만한 일들이다. '장사나 하지'도 농사나 짓지 보다 결코 어렵지 않으리라.

나도 퇴직을 앞두고 농사나 짓겠다는 생각을 했다. 나이 들어 돈 버는 사람들도 부지기수지만, 남다른 재주가 없다보니 농사나 짓는 게 안성맞춤이라 생각했다. 어릴 때 마당 한 구석에 줄을 긋고 꽃씨도 넣어보고, 아버지와 삼촌 틈에 끼어 못자리 볍씨도 뿌려보았다. 직장이나 아파트에서 강산이 몇 차례 바뀔 동안 '꽃 키우는 사람'으로 인정받은 점도 자신감을 북돋워주었다.

아는 길도 물어가라 했다. 이왕 시작한 일이니 제대로 된 농부가 되어보리라 다짐하고 공부를 따로 했다. 과실수를 키워보겠다는 꿈에 주로 나무를 다루는 조경기능사 자격증을 땄다. 채소 농사를 지으며 한 쪽에는 꽃도 심어보고자 원예기능사, 장비 사용법을 익히기 위해 산림기능사 자격증도 마련했다. 농사를 지어도 자연생태를 보존한다는 사명감으로 자연생태복원기사 자격증까지 얻었다.

아직도 오리무중이다. 모든 게 허사는 아니지만 부족한 점이 더 많다. 세상 대부분 일은 매뉴얼을 따르면 80~90점은 받는다. 농사를 책대로만 해서는 50점 넘기기가 쉽지 않다.

텃밭마을에 장한 젊은이가 나왔다. 농사가 사법고시보다야 어려울 소냐. 그렇다고 얕보면 또 허리 다친다. 올해는 마늘농사 공부를 좀 해야겠다. 늦어도 10월 중순까지는 씨마늘을 넣어야 하니, 앞으로 4개월 남짓밖에 남지 않았다.

세상에 쉬운 일이 있으랴만 농사만큼 어려운 일도 드물다. 쉽게 보이는 일도 실제로 해보면 녹록하지 않을 때가 많다. 농사나 짓는 백수도 퇴물만은 아니다. 땅과 씨름하며 백수에게도 배움은 끝이 없다는 것을 배웠다. 70년 경력 농신도 아직 모르는 게 있다니.

'칠십세에 저 세상에서 날 데리러 오거든, 할 일이 아직 남아 못 간다고 전해라.' 살구나무 아래서 혼자 떠들고 있는 라디오가 이제야 귀에 들어온다. 어느 가수가 한복을 차려입고 부르는 백세인생이다. 백세까지 배우면 다 배우려나.

신입 백수들이 농사나 짓는 과오를 범하지 않았으면 한다.

다시 찾은 겸손

5월 중순 어느 날 밤, ○○산 정상이다. 비가 내리겠다는 일기 예보는 다행히 빗나갔다. 고산 날씨는 텔레비전이 아니라 산신령님 소관이라는 말이 딱 들어맞는다.

고개를 들어보니 구름과 별이 땅따먹기를 하고 있다. 서로 상대를 밀어내려고 힘겨루기가 한창이다. 별들에게 응원을 보낸다. 눈에 익은 별무리가 눈에 들어온다. 네 번째 별은 애초부터 보이지 않았지만 주위에 늘어진 별을 따라가 보니 국자가 선명하다. 일곱 개의 별, 북두칠성이다.

'천지신명님, 산신령님 감사합니다.' 동료 하나가 두 손을 모으고 연신 허리를 굽히고 있다. 어린 시절, 하늘을 가로질러 흐르는 은하수 가운데 가장 빛나던 별, 내 가슴에 품었던 붙박이별은 끝내 모습을 드러내지 않는다.

늙정이 산악인 몇이 야영 중이다. 꼭대기에 위치한 헬기장이라 텐트 치기에 안성맞춤이다. 텐트 세 개를 울 삼아 복판에 자리를 깔고 이슬가림막으로 하늘을 덮으니 훌륭한 연회석이 된다. 가장자리를 둘러 활짝 핀 연분홍 산철쭉 무리가 우리를 반긴다. 밤 철쭉이라 운치가 더하다.

밤이 채 깊어지기도 전에 양식이 떨어진다. 요즘 들어 달라진 게 있다. 예나 지금이나 일용할 양식은 양심에 찔리지 않게 각자 준비하는데, 언제부터인가 모두 양이 줄어 배낭에 많이 담지 않는다. 나이 들며 혼자 마시거나 과음하는 일은 줄었지만 떼를 지으면 달라진다. 몸은 이미 내리막길로 접어들었지만 마음만 젊어서 집단착각에 빠져든다.

대장이 꽃삽으로 연회장 주변을 샅샅이 들쑤셔본다. 묻혀있는 비상식량이 없다. 지인에게 SOS를 보낸다. 한참 후 '○○산 정상에는 비축해 둔 게 없다.'는 비보가 날아온다.

산꼭대기에 꽃삽이라. 산천의 초목은 일부러 가꿀 필요가 없다. 자연을 사랑하는 대장의 간섭으로 약초 한 포기 건드리지 못한다. 석이가 등산화에 짓밟히며 투덜거리고 마가목 붉은 구슬이 얼굴을 때려도 외면한다. 천종산삼을 만나도 그냥 지나쳐야 할 분위기다.

꽃삽의 용도는 따로 있다. 차마 밝히기가 거시기한 임무를 수행한다. 산에서는 절대 흔적을 남겨서는 안 된다. 내가 해소한 근심이 다른 사람에게는 지뢰가 될 수도 있다. 산꼭대기에서 개인전용 일회용 다불유시多弗有是를 만드는 데는 꽃삽만한 게 없다.

밤이 깊어지며 식량도 떨어지고 으슬으슬해진 터라 자리를 접는다. 산이 높아서인지 불청객 소란 때문인지 밤에 우는 새 한 마리 없다. 아침에 만나자는 인사를 주고받고 짝을 지어 텐트로 들어가자마자 정상은 고요를 되찾으며 본래의 모습으로 돌아간다.

아뿔싸. 몸을 눕히니 기다렸다는 듯이 시려온다. 시간이 흐르며 시린 게 저림으로 바뀐다. 침낭을 챙기지 않은 후회가 밀물처럼 밀려온다. 두해 전 가을 비슷한 고도에서 야영을 하며 챙겨간 침낭이 짐이 된 적이 있었다. 한 아름이나 되는 부피가 거추장스러웠다. 덮지도 않을 침낭을 굳이 챙길 필요가 있을까라는 얄팍한 생각을 했다.

교만을 부렸다. 다이소에서 간이침낭이라고 마련한 게 그냥 비닐이었다. 여름철 비박할 때 이슬 정도를 막기 위해 사용하는 침낭을 덮는 커버였다. 나름 계획이 없었던 건 아니다. 낙엽을 깔고 그 위에 텐트를 친다. 다시 은박자리를 한 겹 펴고 빽빽이 비닐을 깐 후 등산복을 입은 채라면 추위를 견딜 수 있으리라는 나만의 셈을 했다.

흔히 맛볼 수 있는 추위와는 다르다. 한겨울에 얼굴이 가리가리 찢어질 것 같고 손가락이 부스러질 것 같은 깡추위도 시간이 지나면 견딜만하다. 오늘은 아니다. 체온이 서서히 떨어지는 느낌이 들면서 결국은 저체온으로 심장이 멈출 수도 있으리라는 공포가 엄습한다. 태아자세를 하니 좀 나은듯하다가 금방 또 견디기 어려워진다.

웅크리고 앉으니 추위가 덜한 것 같다. 눕고 앉기를 되풀이 하는 바람에 옆 동료도 잠을 설친다. 비닐침낭이 바스락거려 여간 신경 쓰이는 게 아니다. 추위에 거의 도움이 되지 않는 비닐조각이지만 뱀허물 벗듯 벗어버리려니 그나마 한 가닥 미련과 맞물려 더욱 혼란스럽다.

아내에게 전화를 해볼까. 누구와 대화라도 나누면 좀 나을 것 같지만 그것마저 마음대로 되지 않는다. 산에 오르기 전 깜빡하고 휴대폰을 자동차에 실어두었다. 아쉬움과 추위에 떨면서도 휴대폰 없는 1박 2일도 괜찮다는 생각을 한다. 아직 목숨이 경각에 달리지는 않은 모양이다.

누웠다 앉기를 되풀이하다 벌떡 일어났다. 지금 실행하지 않으면 죽을 수도 있으리라. 동료들의 짐을 뒤지기 시작했다. 멧돼지가 보았다면 눈이 휘둥그레지고 혀까지 내둘렀을 게다. 한밤중 산꼭대기에서 허겁지겁 배낭을 뒤지는 모습은 저들에게도 신기했으리라. 뒤지다 찾은 걸 입으로 가져가는 게 아니라 몸에 걸치다니, 전혀 이해할 수 없는 장면을 보고 멧돼지가 혼란에 빠지지는 않았을까. 인간이 자연 속에 들면 자연이 몸살을 한다.

그 와중에도 하늘에는 별이 총총하다. 저녁에 본 북두칠성은 몰라보게 자리를 바꾸어 앉았고 이제 네 번째 별까지 반짝거린다. 나의 붙박이별도 희미하지만 모습을 드러내고 있다. 왠지 행운이 올 것 같은 느낌이다.

죽으라는 법은 없다. 마침 여벌옷을 담은 배낭이 있다. 배낭주인은 지금 따뜻한 침낭 속에서 단꿈을 꾸고 있다. 윗도리 한 개를 찾아 껴입고 다른 백을 뒤지니 스판바지가 나온다. 등산바지 위에 껴입는다. 바짝 잡아당기니 발목이 삐져나오고 발목을 가리자니 엉덩이가 춥다고 투덜거린다. 그래도 이게 어디냐. 다시 자리에 누워 아스라이 온기를 느끼며 잠이 들 듯 말듯 한데 바깥이 소란하다.

일출 십 분전이란다. 다행이다. 떠오르는 해와 함께 몸이 스르르 녹는다. 내 꼬락서니를 비춰보니 겨울허수아비 같다. 한 송이 국화꽃을 피우기 위해 봄부터 소쩍새가 그렇게 울었다. 일출을 보려고 밤새 사시나무 떨듯 하면서도 살아남은 걸까.

언제부터 교만이 싹튼 것일까. 뒷산만 가도 물병과 사탕 몇 알은 기본이었다. 먼 산이라면 더욱 꼼꼼한 준비가 필요했다. 나이 들수록 겸손해지는 게 인간의 본성이다. 녹 쓸어 돌지 않는 바람개비가 아니라 닳을 대로 닳아 거꾸로 돌아가는 바람개비다. 바람이 불어오든 아니든 챙길 건 챙겨야 한다.

인간관계도 마찬가지다. 나에게 너무 무거운 상대라고, 내게 도움이 되지 않을 거라고 담을 쌓고 살 수는 없는 일이다. 휘청

거리는 다리를 끌고 간신히 하산을 했다. 어젯밤 추위에 손상을 입은 게 분명하다.

오랜만에 휴대폰과 재회를 한다. 누구누구가 나를 찾았을까. 통화가 되지 않아 궁금해 했던 사람은 없었을까. 이럴 수가, 밤새 안녕이다. 모두가 나에게 담을 쌓은 걸까. 갑자기 앞이 캄캄해진다.

휴대폰 고장인가. '실종된 ○○○ 씨를 찾습니다.' 경찰청 문자 메시지가 두 개나 들어와 있다. 두 사람 모두 나보다 젊은 나이다. 나도 저이들처럼 실종될 날이 오겠구나. 세상을 잘못 살았나. 어젯밤은 추위에 떨었지만 지금은 마음이 얼어붙는다.

다음에는 침낭을 꼭 챙겨야지. 전화 한 통 걸려오지 않은 휴대폰을 만지작거려 본다.

민달팽이가 준 교훈

봄이 오면 겨우내 갇혀있던 화분들이 아파트 화단으로 나온다. 이집 저집에서 나온 화분들로 제법 화원을 이룬다.

아가판서스 꽃대가 하루가 다르게 쭉쭉 뻗고 있다. 사나흘 만에 키가 한 자 반이나 자라면서 오늘내일 활짝 웃을 것 같다. 꽃대 끝에 작은 꽃 수십 개가 어울려 밤자색 공을 머리에 이고 있는 모습이다. 해마다 꽃대가 두세 개가량 찾아왔는데, 올해는 달랑 한 개다.

아뿔싸, 꽃대가 꺾였다. 아쉬움과 안타까움이 뒤범벅이다. 어른들은 꽃이 피면 눈길을 주고, 놀이터 길목이라 아이들도 재잘거리며 지나다니는 곳이다. 어느 누군가의 소행이 틀림없다.

집이 있고 없음에 따라 달리 불리는 녀석들이 있다. 달팽이는 집과 일생동안 한 몸을 이루는데 민달팽이는 맨살을 그대로 드러내고 한 평생을 보낸다. 달팽이는 아이들에게 귀여움을 받는 대신 민달팽이를 만나면 웬만한 어른들도 질겁한다. 달팽이는 풀잎에서 살고 민달팽이는 지저분한 하수구나 어두운 땅속을 좋아한다. 녀석들은 생김새와는 달리 하는 짓은 비슷하다.

기가 한풀 꺾인 아가판서스를 텃밭으로 이사를 시켰다. 남쪽 지방에서는 겨울에도 바깥에서 생명을 보존하는 녀석이다. 땅기운을 듬뿍 받아서인지 이듬해 꽃대 세 개를 내밀었다. 매일매일 살피는 재미가 쏠쏠하다.

잔뜩 흐린 어느 날 아침, 가장 먼저 올라온 꽃대에 갈색비닐 같은 게 붙어있다. 눈을 비비고 보니 민달팽이가 열심히 식사를 하고 있다. 눈이 뒤집혀진다. 녀석을 즉결처분하고 꽃대를 살펴보니 치명상이다. 테이프로 치료를 해보았지만 며칠을 시름시름 앓다가 말라죽었다.

아파트에서 꽃대가 꺾였을 때다. 누구 소행인지 괘씸하기 짝이 없었다. 꺾어져 대롱거리는 꽃대를 거꾸로 매달아 테이프로 고정시키고 휴대폰으로 사진을 찍었다. 꽃봉오리가 땅을 향해 머리를 쳐 박고 있으니 슬프다.

고발장과 함께 사진을 이곳저곳 지인들에게 퍼 날랐다. 민달팽이가 아닌, 이웃 중 누군가를 범인으로 지목하고 있었다. 사람이 이보다 더 가벼워질 수 있을까. 부끄럽기 짝이 없다.

하얀 밤에
까만 생각 박노욱 두번째 수필집

제3부

백구의 일생

입석 인생

잘못 짚은 구멍

앉은뱅이 용쓰던 밤

멧돼지의 지혜

내시경과 호떡

성격과 식성의 차이

하얀 밤에 까만 생각

회한

우연히 만난 스승

박노욱 두번째 수필집

백구의 일생

가까이 있는 천연기념물을 찾아 나섰다. 범어사 계곡 등나무 군락이다.

초입에서 백구白狗 한 마리를 만났다. 제법 덩치가 있고 늘씬한 몸매에 인상도 서근서근해 보인다. 저런 녀석이 주인도 없이 왜 혼자 나들이를 했나 싶었다.

아뿔싸. 가까이 보니 아니다. 불안한 얼굴에 눈동자가 풀려있다. 갈 곳이 없는데다 방향감각마저 잃은 듯하다. 낯선 사람이 접근해도 피할 생각을 않는다. 기를 쓰고 조금 어슬렁거리는데, 쭈글쭈글한 뱃가죽에 늘어진 젖꼭지가 줄지어 매달려 출렁거린다. 새끼를 몇 배나 낳은 듯하다.

아니나 다를까. 다리를 한 번 휘청거리더니 풀썩 주저앉는다. 버림받은 녀석이다. 외톨이 중생이 절집 앞에서 서성이는지라 더욱 짠하다.

창녕 남지 '개비리길'이 떠오른다. 강변을 따라 아슬아슬하게 자리 잡고 있어 낙동강의 넉넉한 풍경을 바라볼 수 있다. 평화롭게 흐르는 물줄기를 따라 모정母情이 오가던 길이다.

영아지 마을 황씨할배 누렁이가 새끼 열한 마리를 낳았는데, 한 마리가 유독 눈에 띄게 조리쟁이였다. 개 젖이 열 개라 조리쟁이가 젖배를 굶었을 수도 있었으리라. 새끼들이 어느 정도 자란 후 모두 시장에 내다 팔고 조리쟁이만 남겨두었는데, 산 너머 알개실 마을로 시집간 딸이 키우겠다고 데려간다. 며칠 후 밤중에 친정 누렁이가 조리쟁이에게 젖을 물리는 장면을 보게 되었고, 그 후 비가 오나 눈이 오나 바람이 부나 하루에 꼭 한 번씩 찾아오더란다. 기이하게 여겨 뒤를 밟았더니 평소에는 길이 없는 벼랑으로 들며, 눈이 쌓이지 않는 곳만 골라 용케 찾아가더란다. 개비리길이다. 어미의 자식사랑이 그지없다.

절집 앞 백구 새끼들은 지금 어디에 흩어져 사는지, 자신을 낳아준 어미의 고충을 알기나 할까. 주인의 사랑을 받으며 행복에 빠져있는 새끼들의 면면이 그려진다. 인간이 개와 다른 게 다행이다. 개보다 못한 인간들 예기나 간혹 나오긴 하지만.

등꽃이 절정이다. 자주나 하얀색으로 치장한 꽃송이가 주저리 주저리 매달려 있는 모습은 천국이다. 초췌한 모습의 백구가 떠오른다. 부디 더 나은 삶을 기원한다.

입석 인생

버스가 낙동강을 건너고 있다. 텃밭 가는 버스는 늘 여유가 있다. 시외버스를 이용하는 사람이 점점 줄어 들다보니 자리 걱정은 하지 않아도 된다.

오늘은 입석손님이 있다. 단 한 명이다. 한 사내가 양손으로 손잡이를 잡고 버스가 달리는 전방을 주시하고 있다. 나 홀로 입석은 남의 시선을 의식하지 않을 수 없어 마음이 불편하다. 입석 손님이 눈 둘 곳은 그리 많지 않다. 버스가 달리는 방향 창밖이 가장 만만하다.

나는 버스를 기다리며 줄을 서지 않는다. 벤치에 앉아 여유를 부리다 입석주인공이 될 때도 있지만, 한 해 몇 차례 가뭄에 콩 날 정도다. 코로나로 배차간격이 20분에서 30분으로 바뀌어도 익숙해지니 그만이다. 30분 걸리는 거리가 40분이 넘게 걸려도 그러려니 한다.

옛날, 자리 잡기는 전쟁이었다. 시외버스가 플랫폼에 들어서면 창문으로 일행 한 명을 밀어 넣는다. 그 사람이 좌석마다 소지품을 쫙 깔아놓는다. 손수건, 안경, 모자까지 각양각색이다. 잠시 후 출입문으로 우르르 밀려든 승객들 간에 한바탕 왁자지껄 자리다툼이 일어난다.

사람들이 질서는 몰랐지만 순진했던 시절이다. 소지품이 얹혀있는 좌석을 두고 잠시 머뭇거리는 동안 창문 넘은 사람의 일행이 비집고 들어와 자리를 차지한다. 버스는 아무 일도 없었던 듯 출발하고 주위는 이내 조용해진다. 나 혼자만 입석이 아니니 서운하지도 않다. 선 사람이 앉은 사람과 비슷하니 희비가 엇갈릴 수 없다.

버스에 단 한 자리 보조좌석도 사라지고 없다. 예전 고속버스에는 손님좌석보다 낮게 설치된 안내양 좌석이 있었고, 요즘도 관광버스에는 운전기사 오른쪽 뒷자리에 접이식 자리가 있다. 시외버스 단독 입석손님은 갈 곳이 없다. 기껏 손잡이에 매달린 손을 이리저리 바꾸어보거나, 오른쪽왼쪽 다리에 번갈아 힘을 넣었다 뺐다 하며 액셀러레이터를 밟는 일밖에 없다.

KTX 보조좌석도 고달픈 자에게는 천국이 된다. 출입구 양쪽에 한 개씩 설치되어 있는데 이를 선점하면 행운이다. 분명 입석계급을 위한 자리가 맞는데, 틈새라도 생기면 좌석손님이 자기자리를 비워놓고 떡 버티고 앉는다. 열차 내부가 갑갑해 바람을 쏘이러 잠시 자리를 탐하는 건 봐줄 수 있는데, 휴대폰을 켠 채 '이 열차 종착역인 ○○역에 곧 도착할 예정입니다' 안내방송이 나올 때까지 공사업무를 다망하게 보는 싸가지 없는 생명체도 있다.

지하철 안이 잠시 소란해진다. '내 나이 칠십, 집 나간 자리를 찾습니다.' 나이든 취객 하나가 목청을 높인다. 소란도 잠시, 분위기가 착 가라앉는다. 휴대폰에 박힌 눈들은 점점 깊이 파고들고, 귀에 꽂힌 레시바를 고쳐 끼는 승객도 있다. 자리를 찾는 이나 사수하는 이들 모두가 밴댕이 소갈머리다.

입석이 몸도 마음도 편하다고 늘 최면을 건다. 하루 종일 산길을 걸어도 다리가 가뿐하고 불평 한 마디 없는 사람도 대중교통에만 오르면 눈알을 휘둥그레 굴린다. 늙은이와 젊은 사람이 섞여있고 경로석과 임산부석이 지정되어 있는데다, 간혹 그 사실을 상기시키려 방송까지 해대는 지하철에서는 입석이 차라리 편하다.

살다보면 나 홀로일 때가 있다. 내가 무리에 맞추려 해도 몸이 말을 듣지 않거나 마음이 허락하지 않을 때도 있다. 손잡이에 매달려 있는 저 사내의 심정은 어떨까. 44명이 앉아있고 혼자만 서있다. 주위 시선 의식 말고 그냥 서서 가자.

내려야 할 정류소를 알리는 방송이 나온다. 30분 내내 입석인생 생각을 했다. 눈을 떠보니 그 사내가 사라졌다. 그사이 내렸는지, 빈자리에 앉았는지.

잘못 짚은 구멍

흔적은 있는데 범인이 오리무중이다. 텃밭에 씨앗이나 모종을 넣으면 기다렸다는 듯이 이랑을 파헤친다. 아예 회를 쳐놓기도 한다.

두더지 만행에 신경이 날카롭다. 뿌리도 내리지 않은 모종을 건드리면 십중팔구 말라 죽는다. 지난 가을에는 배추모종을 내었다가 반가량을 다시 심었다. 며칠만 지나면 뿌리가 활착하는데 녀석들이 그때까지 기다려줄 리 없다.

두더지가 텃밭에서 주적主敵이 된지 오래다. 막대기를 들고 이랑을 서성거려 보지만 한 번도 휘둘러본 적이 없다. 두더지 같은 놈이라더니, 녀석들은 야간에만 땅위에 나타날 뿐 하루의 대부분을 땅속에서 지낸다. 두더지가 사는 땅은 살아있는 땅이라고 치켜세우는 사람도 있지만, 당해 보지 않은 입에서 나오는 한가로운 소리다.

텃밭 고양이들도 속수무책이다. 고양이가 쥐 앞에서는 큰 소리 치지만, 고양이가 두더지를 잡는 일은 소 뒷발로 쥐 잡는 격이다. 감히 들어가지도 못할 두더지 굴에는 관심이 없는듯하다.

농막입구 계단 아래 구멍이 하나 있다. 가끔 새끼고양이가 발을 집어넣었다 뺐다하며 호감을 보이지만 농부가 다니는 길목이라서인지 생명체가 얼씬거리는 모습을 볼 수가 없다. 훤히 드러나 보이는 맨 땅에 바로 출입문을 만들어 놓은 걸 보면 뱀은 아니다. 뱀 구멍은 사람 눈에 띄는 일이 드물다. 개구리는 따로 구멍을 파지 않고 제 한 몸을 그대로 땅에 묻고 겨울을 난다. 그럼 구멍 주인이 누굴까. 두더지밖에 없다.

농막에서 화장실까지 꽤 멀다. 혼자 있으면서 작은 걸 보기위해 먼 거리를 오가는 건 낭비다. 사시사철 두더지 구멍에 대고 용무를 보았다. 녀석들이 시도 때도 없이 뜨거운 물이 쏟아지는 집에서 과연 버텨낼 수 있을까, 집을 두고 떠나지 않으면 골탕이라도 먹일 참이었다. 공중화장실 청결을 위해 좌로 우로 멀리가까이 거총자세를 바꾸어가며 조준사격 연습도 가능하니 일거양득이다.

해질녘이 지나 이미 어둠이 깔렸다. 구멍 앞을 지나는데 낌새가 이상해 내려다보니 두꺼비 한 마리가 엎드려있다. 구멍 코앞에 머리를 들이대고 있다. 아직 땅이 채 데워지지 않은 4월 초순이라 두꺼비가 나올 시기로는 이르다. 오랜만에 외출을 나섰다가 추위에 놀라 집으로 발길을 돌리는 참인 것 같다. 눈을 한 번 비비고 다시 보니 그새 사라지고 없다. 어둠 때문에 보이지 않는 게 아니다. 눈 깜짝하는 순간에 개구리처럼 뛸 수도 없다. 구멍으로 빠져들었나. 그럼 그 구멍이 두꺼비집이었단 말인가.

며칠이 지났다. 풀을 뽑던 아내가 비명을 지르며 긴급호출을 한다. 한달음에 달려가 상황을 보자마자 다리가 굳어버린다. 구멍 안에서 두꺼비가 눈알을 굴리고 있다. 자장암 금와보살보다 더 강렬하다. 지금까지 오줌세례를 일삼던 구멍과는 논두렁 하나를 사이에 두고 아래위로 예닐곱 자가량 떨어져 있다. 구멍이 서로 연결되어 있거나, 수시로 뜨거운 액체를 뒤집어써야하는 고충을 피하기 위해 새로 장만한 집일 수도 있다. 두꺼비가 손수 지은 집이 아니라도 두더지가 비운 집을 이용할 수도 있다.

이 녀석이 그 녀석이 틀림없다. 텃밭에 살고 있는 어른 두꺼비는 두세 마리가 전부다. 어른은 맞지만 아직 어르신 소리를 들을 지공보살 수준은 아닌 것 같다. 수명이 30~40년이나 되는 지라 해마다 만나는 녀석이 확실하다. 텃밭에서 두더지는 원수와 같고 두꺼비는 가장 친한 친구다. 두 녀석이 모두 '두씨' 성을 가진 게 아이러니컬하다. 어쨌든 나는 지금까지 절친에게 저주를 퍼부어 왔다.

두꺼비집은 모래로 짓는 줄로만 알았다. 유년시절 시냇가 모래사장에서 '두껍아 두껍아 헌 집 줄게 새 집 다오' 했다. 인간들이 콘크리트로 옮겨 살 듯 녀석들도 더 단단한 구멍으로 스며든 걸까. 오해가 풀린 건 다행이다.

요즘 세상에는 성인군자가 드물다. 세상사람 모두를 사랑하거나 한 사람도 미워하지 않고 살아가는 사람이 있을까. 살다보면 어느 누군가를 미워할 수도 있다. 부득이하다면 자초지종을 따져 분명히 해야 한다.

스스로 대충 만든 잣대를 들이대고 만행을 저지른 게 이번이 처음이던가.

앉은뱅이 용쓰던 밤

며칠째 잠이 오지 않는다. 그제 밤에 불현듯 떠오른 한 가닥 생각 때문이다. 무슨 수가 없을까 연구 중이다. 건물이 무너져 내려도 살아남을 수 있는 방법이 없을까. 처참하게 부수어진 상황 속에서도 불사조처럼 살아남아 진실을 말해주는 비행기 블랙박스처럼 만들면 될까.

천지간 가장 약한 존재가 인간인 듯하다. 튀르키예와 시리아 지진으로 온 세상 사람들이 경악에 빠져있다. 만물의 영장이라고 우쭐해하며 다른 동물들이 하지 않는 짓을 해서일까. 시멘트와 쇠붙이를 만들어 하늘 높은 줄 모르고 집을 쌓아올리는 건 인간뿐이다. 지진으로 새집이 무너져 새가 죽는 일은 없다. 뱀이나 개구리가 땅굴이 무너져 압사하거나, 지진으로 물고기가 떼죽음을 당하는 일도 드물다.

인간이 굴리는 잔머리는 반드시 화를 부른다. 잔머리로 쌓은 탑은 겉으로는 멀쩡해도 무너지는 건 시간문제다. 집을 짓거나 도시를 만들 때 '인간만의 특허' 날림공사가 피해를 키웠다는 것인데 동물세계라면 엄두도 못 낼 약은 수다. 우듬지 가까이 자리 잡은 까치집은 웬만한 태풍에도 끄덕도 하지 않는다. 절벽이나 나뭇가지에 매달려 알 낳고 애벌레 키우며 양육 중인 벌집이 땅에 떨어질 확률은 거의 제로다.

인간생활이 편리해질수록 천재지변 피해가 늘어간다. 불도 물도 무섭다. 바람도 모든 걸 쓸어가지만, 지진피해가 단연 으뜸이다. 무엇보다 건물이 높아질수록 지진피해는 엎친 데 덮친 격이 된다. 고층건물 벽면이 순식간에 사라지고 바닥만 차곡차곡 쌓여 있는 장면은 식빵을 구워먹다 팽개쳐 놓은 모습 같다. 상가건물이나 아파트 안에서 인간이 매일매일 사용하는 도구나 가구가 순식간에 망가지면서 피해가 늘어난다. 어찌 보면 천재가 아니라 인재에 더 가깝다.

캡슐을 만들어볼까. 건물 안에 소규모 건물을 만든다. 덩치 큰 인형 속에 작은 인형이 차례로 들어있는 러시아 전통인형 마트료시카나 사도세자가 갇혔던 뒤주를 상상하면 된다. 집이 무너져 내리는 압력에도 찌그러지거나 부수어지지 않는 재질로 '생명의 집'을 만든다. 요즘 말하는 생존한계인 72시간가량을 견딜 수 있도록 최소한의 비상식량을 비치해 둔다. 물은 꼭 넣자. 지진현장에서 한계시간의 세 배가 지난 후에도 구출소식이 들려온다. 시간을 늘려 설정하는 건 그다지 어려운 문제가 아니다. 매몰에 대비해 자동적으로 위치를 표시하는 장치도 마련한다.

최소한의 규모면 된다. 아파트는 대형 김치냉장고 크기면 되고, 공용건물이라면 용도와 규모에 맞추어 크기를 조절한다. 주거용 건물은 주거 인원에 따라 1인용부터 2인용, 다인용으로 선택할 수 있도록 한다.

뻥튀기처럼 만들 수는 없을까. 강도 7.8이상 등 일정수준을 초과할 때 자동 탈출하는 시스템이다. 웰컴투동막골 영화에 뻥튀기가 하늘을 수놓는 장면이 있다. 불발탄으로 알았던, 실수로 핀이 빠진 수류탄을 팽개쳤는데 대폭발을 일으켜 마을 식량창고를 날려버린다. 터진 옥수수가 팝콘이 되어 눈송이처럼 흩날리는 모습이다. 강진이 발생하면 캡슐이 하늘로 날아올라 낙하산을 펴고 사뿐히 내려앉는 방법이다.

팝콘을 닮은 캡슐이 또 있다. 영화 에어포스원에서도 비행기 납치사고를 당하여 미국대통령이 캡슐로 탈출을 시도하는 장면이 나온다. 비행기가 처참하게 폭발해도 캡슐 안 대통령은 목숨을 건진다는 가정이다.

지진캡슐이 태어난 지도 꽤 오래 된 어느 날, 또 땅이 갈라졌다. 0000년 2월 6일 04:17분, 강도 7.8이다. 그날 전 세계 언론은 비슷한 보도를 하고 있다. '지진을 이겨낸 최초의 인류, 과거에 비해 사망자 극소수 발생'. 구조대가 여기저기 흩어져 있는 캡슐을 회수하고, 땅에 묻힌 캡슐은 중장비를 동원해 파내고 있다. 잠시 갇혀 있던 사람들은 훌훌 털고 제 발로 걸어 나오고 있다. 대지진이 발생한 가상현실, 생각만 해도 입가가 삐죽 올라간다.

불행을 당한 사람들이 하루빨리 평온을 되찾았으면 한다. 나약한 인간들이지만 서로가 힘을 합치면 희망이 있다. 새나 뱀, 물고기들은 동족이 피해를 당해도 속수무책인데 인간은 그렇지 않아 그나마 다행이다. 미완성 캡슐설계도를 머리맡에 두고 잠을 청해본다.

멧돼지의 지혜

소금포대가 푸슬푸슬하다. 탱탱하던 포대가 돌덩이가 되더니 급기야 살점이 모두 사라지고 뼈만 남은듯하다. 간수가 쏙 빠졌다. 7~8년 전에 소금 10포대를 구입해 텃밭에 쌓아놓고 비닐과 천막으로 덮어놓았다. 간수를 빼기 위해 아파트 베란다에 소금 포대를 두었다가 낭패를 본 적이 있다. 옹기에 담아둔 소금도 시간이 흐르면서 단지를 깨고 간수를 줄줄 흘렸다.

농협을 통해 마련한 소금이다. 조합원인 농민들에게 농자재와 생필품을 저렴한 가격에 공급한다. 시중보다 싼데다 물가가 오르기 전이라 지금과는 3~4배 차이가 난다. 차액을 노리고 소금장수를 할 생각은 아니었다. 관리가 쉽지 않은 간수처리를 고민하다 한꺼번에 많은 물량을 구입하게 되었다. 해마다 두어 포대를 사용하고 그만한 물량을 채우다보니 소금더미가 그대로다. 먼저 들여놓은 걸 우선으로 사용하다보니 늘 간수가 빠진 소금만 먹게 된다.

배추모종을 낸 밭을 며칠 만에 멧돼지가 초토화시켰다. 아직 살도 오르지 않은 배추모종이 목표가 아니고 땅속 지렁이나 굼벵이를 잡아먹기 위해서다. 배추 이랑이 주변 땅보다 포슬포슬 하다보니 땅파기가 쉽다. 고구마 이랑은 말할 것도 없고, 녀석들이 먹지도 않는 대파나 마늘 이랑을 작살내는 경우도 있다. 땅을 아무리 파헤쳐도 열에 아홉은 내가 먹는다. 참을 만하다. 사람 사는 세상은 더하다. 열에 열을 혼자 먹으려 한다.

소금이 푸대접을 받고 있다. 가격이 오르면 귀한 대접을 받는 게 보통인데 소금은 아니다. 텔레비전이나 신문도 소금이 마치 공공의 적이라도 되는 것처럼 떠들어댄다. 유명연예인과 의사들을 동원해가며 지겨워하지도 않고 레코드판을 돌린다. 우리 집 식탁도 마찬가지다. 흔히 '황금, 지금, 소금'이라고 추켜세우면서도 소금의 소중함을 애써 외면한다.

차마고도에서 소금의 진가를 알 수 있다. 마을여자들이 염정에서 힘들게 소금을 만든다. 남자들은 히말라야 카라반이 되어 보름씩이나 걸려 5천 미터가 넘는 고개를 넘나든다. 소금을 보리나 옥수수와 바꾸는데 더 먼 길을 갈수록 더 많은 곡식을 얻을 수 있다.

소금을 필요로 하는 마을에서는 카라반을 학수고대한다. 곡식 포대를 팽개치듯 건네주고 소금포대를 받아 메고 집으로 향한다.

나무로 만든 구유에 소금을 물에 자작자작하게 풀어주면 야크나 말이 허겁지겁 달려든다. 주인 손바닥에 묻은 소금을 핥아대는 염소할배가 어린아이 같다. 염소머리를 쓰다듬는 주인은 자식을 돌보는 듯하다.

주인 말에 가슴이 찡하다. '사람은 소금이 없으면 잠시 먹지 않아도 되지만 말도 못하는 가축들은 오죽하겠느냐. 소금을 못 먹어 가축이 마르면, 우리는 죄를 짓게 되는 것이다.' 가축들에게 지금 소금을 주고 있다는 행복한 걱정에 목소리까지 떨린다. 이들은 '황금과 지금, 그리고 소금'을 말할 자격이 있다.

멧돼지가 땅을 파는 이유가 주로 염분섭취다. 농작물이나 과일, 견과류나 나무뿌리를 즐겨먹지만 식물에서 얻는 염분만으로는 살아가기 어렵다. 지렁이나 굼벵이에서 단백질도 얻지만 부족한 염분을 보충하는 게 더 중요하다. 텃밭에서 지렁이가 가장 많이 사는 연못주변 미나리꽝은 불도저로 밀어붙인 듯하다.

멧돼지가 안쓰러울 때도 있다. 녀석들이 드나드는 배추밭과 연못사이에 소금 무더기가 있는 줄 모른다. 소금무더기를 바로 옆에 두고 늘 수고스레 땅만 파헤친다. 그것도 땅주인의 눈치를 보느라 한밤중에만 나타난다. 노다지를 두고 겨우 목숨만 유지할 수 있는 이삭줍기만 한다.

조상대대로 물려온 유전 때문이리라. 산림의 무법자 멧돼지다. 숲에서 멧돼지를 대적할 상대는 아무도 없다. 봉분을 뒤엎고 등산로를 밭갈이 한다. 바위산도 허물 기세다. 녀석들이 텃밭에 숨겨둔 소금더미의 진가를 안다면 하루아침에 끝장을 낼 수 있다.

오히려 이삭줍기가 멧돼지에게는 보약이 될 수 있다. 염분섭취가 중요하다고 사람이 숟가락으로 소금을 퍼먹으면 반드시 탈이 난다. 멧돼지들이 소금포대로 잔치를 하면 심장병이나 뇌졸중이 올게 뻔하다. 멧돼지의 절제와 지혜가 엿보인다.

인간세상은 멧돼지 세상과 다르다. 가까이 있는 지금을 못보고 황금을 찾아 헤맨다. 오늘 누리고 있는 게 가장 큰 행복인줄 모르고 욕심을 부리다 탈이 난다. 억 억하다 십억 백억이 되더니 요즘은 천을 넘어가는 사건도 있다. 인간이 멧돼지 유전자를 타고났다면 분명 세상은 지금보다 아름다웠으리라.

속물 같은 생각을 해본다. 어쩌면 열에 열 모두를 내가 먹을 수도 있으려나. '돼지야 돼지야 소금 줄게 땅 파지 말라.'하면 알아들을까. 구유에 소금물을 풀어 녀석들이 드나드는 울타리 주변에 놓아두면 소금만 먹고 돌아갈지 모른다. 획기적인 멧돼지 피해방지책이 될 수도 있다. 소금 먹으러 매일 떼거리로 몰려오면 어떡해야하나.

아서라, 다른 생각 말고 그냥 멧돼지의 지혜나 배우자.

내시경과 호떡

찜찜하다고 생각한 지 꽤 오래되었다. 아침이면 입안이 칼칼하고 아랫배가 더부룩하다. 입이야 물로 한두 번 헹구고 나면 조금 안정을 찾는데, 배는 아니다. 새벽에 배달된 신문 한 장 빼들고 화장실에 앉아 보지만 상태가 금방은 나아지지 않는다. 아침용무에 실패라도 하는 날은 공포감까지 엄습한다.

몇 차례 미루다 내과를 찾았다. 위와 대장내시경을 한꺼번에 주문했다. 요즘은 대부분 생生보다 마취검사를 선호한다. 나도 생을 고집하다 몇 해 전부터 마취로 바꾸었다. 마취에서 깨어나는데 아까운 시간도 허비되지만, 두 가지 방법 사이에서 더는 고민할 필요가 없어졌다. 마취검사는 삼복더위에 견공처럼 침을 질질 흘리지 않아도 되고, 산골짝 고라니처럼 웩웩거릴 일이 없어 훨씬 수월하다.

저마다 침대에 누워 회복을 기다리고 있다. 의사와 간호사들이 바쁘게 돌아간다. 환자를 실은 침대가 이리저리 굴러다닌다. 얼마나 바쁜지 마취가 깨기 전에 나가겠다고 우기는 환자는 어젯밤 술이 덜 깬 것처럼 갈지자걸음을 한다. 마취가 오래가는 환자는 가장자리로 밀려나면서 더 기다려야 한다. 기다림이 길어지면 용종이라도 발견된 게 아닌가 싶어 사시나무처럼 떨어 데는 환자도 있다.

진료실과 회복실이 마치 호떡 판 같다. 의사와 간호사가 조를 이루는 병원에 비해, 호떡집은 주인 혼자 북 치고 장구까지 치는 게 다르다. 반죽 한 개가 판에 팽개쳐지면 기름을 튀기며 차르르 소리를 낸다. 손잡이 달린 눌림판으로 두어 번 눌러주면 언제 그랬냐는 듯 납작하게 엎드린다. 간호사의 질문에 서너 차례 입을 씰룩거리다 사르르 눈까풀을 내리는 침대 위 내시경 환자와 속 빼닮았다.

눌림판이 주걱으로 바뀌면 호떡 판은 더 바빠진다. 밀가루 덩어리는 배와 등을 번갈아 불판에 갖다 대고 이리저리 옮겨 다니며 완성품이 되어간다. 호떡은 마취도 깨기 전에, 익기도 전에 판을 떠나는 일이 없다. 행여 중간에 구멍이 나거나 찢어지면 즉석 수리에 들어간다. 밀가루 반죽 한 점을 상처부위에 붙이고 손가락으로 자근자근 눌러주는 호떡집 주인은 명의名醫 저리 가란다.

엎치락뒤치락하다 보면 노릇노릇해진다. 다음 차례 반죽이 판을 차지할라치면 진열대로 옮겨져 퇴장을 기다린다. 달구어진 몸이 식기도 전에 천 원짜리 몇 장과 바뀌어 종이봉투에 쌓여나가면 행운아다. 한 번 밀리기 시작해 철판을 두어 차례 드나들며 구덕구덕 말려지기를 되풀이하다보면 불운이 따른다. 거무튀튀한 얼룩을 뒤집어쓰다 가죽이 터져 설탕내장 국물이 비칠라치면 십중팔구 일생을 망친다. 밥통에 구멍이 숭숭 뚫리고, 창자가 이리저리 꼬인 것 같은 내 뱃속을 상상하다보면 섬찍지근하다.

코로나로 콧구멍 후비는 걸 질겁하는 사람도 있다. 자신의 손으로 진단키드를 콧구멍 입구에 대고 두어 차례 간질이다가 안도의 만세를 부른다. 방역복 입은 사람이 쑤셔대는 진단키드는 코로 들어가 머리를 한 바퀴 돌고 뒤통수라도 뚫고 나올 것 같이 무지막지하다. 재채기를 참고 눈물을 글썽이며 이를 악물고 버틴다. 콧구멍 후비는 게 싫으면 공동사회를 함께 할 수 없으니 울며 겨자 먹기로 눈물콧물을 삼켜야한다.

내시경은 다르다. 입으로 항문으로 카메라가 달린 고무줄을 쑤셔 넣어도 참는 걸 보면 신기하다. 콧구멍에 비해 입과 항문은 선택사항이지만 불편을 감수한다. 생명 줄을 놓치지 않으려는 몸부림이다.

병원 가는 데 놉을 했다. 아내는 그간 마취하고 깨는 시간이 아까워 생을 선택했다. 내색은 않지만 진료비 차이도 감안한 듯하다. 이번에는 위와 대장을 함께 하다 보니 마취밖에 없다. 아내는 대장내시경이 처음이었다. 대가리를 매단 고무줄이 입으로 들어가 대장을 지나 항문까지 직통하는 걸로 알고 있어 내가 적잖이 당황했다. 항문에서 입으로가 아니라 그나마 벌린 입이 다 물어졌다.

잠시 후 나온 결과로 희비가 엇갈린다. 나는 단골 위염에다 대장에 용종이 한 개 나왔다. 열흘분 내복약을 처방해주고, 용종은 내시경 중 잘라냈다고 필름을 돌려준다. 시부저기 병원에 따라나선 아내는 양 쪽 모두 깨끗하다. 친구에게 빌린 낚싯대로 대어 낚고, 고스톱 처음 치는 사람이 돈을 딴다. 왠지 아내가 그런 것 같아 씁쓰레하면서 부럽다.

구덕해진 호떡이 떠오른다. 윗도리를 치켜들고 손으로 뱃가죽을 툭툭 치며 한 번 긁어본다. 배속에서 무슨 일이 일어나는지 자나 깨나 궁금하다. 내시경이 아는 내 배속을 내가 모른다니 우습다. 팔리지 않는 호떡 신세를 면하려면 자주 내시경 침대에 올라야 한다.

몸뿐 아니라 마음도 챙길 수 있을까. 마음도 온갖 병치레를 하고 수많은 허물을 숨기고 살아간다. 마음의 병을 진단하는 내시경이 있다면 열에 아홉은 염증이나 용종을 품고 있으리라.

아직 마음 내시경은 없다. 다행일까. 가슴에 손을 한 번 얹어본다.

성격과 식성의 경계

아침신문을 훑다 꽂히는 부분이 있다. 플랫 캡을 쓰고 뿔테안경에다 입 주변을 둥글게 에워싼 구티수염을 달고 있는 멋진 얼굴모습이 눈에 확 띈다. 어느 맛칼럼니스트의 글이다.

– 며칠 전 단골 밀면집에서 본 풍경이다. 옆 테이블에 고등학생으로 보이는 딸과 아버지가 앉았다. 아버지는 비빔밀면, 딸은 물밀면을 주문했다. 밀면이 나오자 아버지는 딸의 밀면 위에 있는 오이를 정성껏 걷어주었다. 아버지의 솜씨가 익숙했고, 딸 역시 아버지의 배려가 당연한 듯 받아들이고 있었다.

얼마 전 딸애와 둘이 밀면집에 간 적이 있다. 딸애도 오이를 먹지 않는다. 신문은 우린가 싶을 정도였다. 나는 맛칼럼니스트가 본 아버지보다 더 살뜰하게 연출할 자신이 있다. 딸애의 밀면에서 건진 오이를 내 그릇으로 옮기는데, 신문은 그 오이의 행방은 따로 밝히지 않고 있다.

오이만큼 호불호가 분명한 존재가 또 있을까. 개나 고양이도 주는 데로 다 받아먹지는 않는다. 몇 날 며칠을 굶어 목숨이 경각에 달렸다면 모르지만 가릴 건 가린다. 생선을 싫어하는 고양이야 있을 수 없겠지만, 닭 가슴살을 반기지 않는 녀석이 있다. 반려동물이 그런데 사람이야 말해 무엇하랴.

주문할 때 오이 빼달라는 걸 깜빡했다. 딸애의 미간이 잠깐 찌푸려진다. 내 젓가락이 자동적으로 딸애의 그릇으로 간다. 젓가락이 너덧 차례 양쪽을 오가며 마지막 한 올까지 다 옮긴다. 딸애가 만족한다. 오이가 곱으로 올려 진 그릇에 나는 대만족이다.

아들은 더 심각하다. 오이를 싫어하는 걸 넘어 혐오수준이다. 고명으로 오이채가 얹힌 면은 생각만 해도 머리를 부르르 흔든다. 오이 반찬을 자주 만드는 아내도 오이와는 친한 편이다. 우리는 두 아이를 보며 머리를 갸우뚱하고 삐죽거렸지만 적응한지 오래되었다.

오이만 보면 아들은 아픈 추억을 들추어낸다. 군대생활 때 중대장 이야기를 하며 몸서리를 친다. 백리행군을 하고 결승선에 임박하니 전령병이 중대장 선물이 기다린다고 나발을 불러댄다. 수통은 이미 바닥 난지 오래다. 목구멍과 혀가 함께 타들어간다. 육체의 한계를 넘어 환상이 나타나기 시작하는 순간에 오아시스

라. 이때 오아시스가 아닌 신기루만 나타나면 죽음의 초입을 맛본다.

아뿔싸, 뼛속까지 싸늘해질 얼음물인줄 알았는데 아니었다. 한 사람당 냉장 오이 두 개씩이었다. 순간 기절할 것 같은 몸을 겨우 가누었단다. 수백 명이 오이 씹어대는 소리가 누에가 뽕잎을 먹는 광경이 연상되었다. 오이 두 개를 손에 들고 흔들어대며 다른 한 손으로 전우 몇몇을 찌르다보니 수통에 물 한 방울을 남겨둔 구세주가 있었다. 오이 두 개와 바꾼 미지근한 물 한 방울이 자신의 목숨을 건졌다는 무용담이다.

난들 군대이야기가 없을쏘냐. 오이를 좋아하는 전우가 있었다. 나보다 몇 개월 고참병이고 서울출신이었다. 그때만 해도 오이가 흔하지 않았을 뿐만 아니라, 일식 삼찬 군부대 식단에 오이가 오르는 건 언감생심이었다. 그가 외출이나 휴가에서 돌아올 때는 꼭 오이소박이를 들고 왔다. 심지어 가끔 있는 부모님의 면회도 소박이 전달이 목적으로 보였다. 일인분이 아니라 늘 분대병력이 먹을 정도의 분량이었다. 부대가 서울근교라 그의 면회가 잦았다. 소박이 특식은 꿀맛이었다. 맛이 아른아른할 때쯤이면 다시 찾아오니 중독이 될 정도였다. 소박이는 아직도 내 입맛을 사로잡는다.

오이를 좋아하는 사람이 또 있다. 아들의 딸, 작은 손녀다. 손녀는 사과나 바나나 등 과일은 그다지 좋아하지 않는다. 딸기를 몇 알 먹지만 오이라면 사족을 못 쓴다. 자신의 팔뚝만한 오이를 게눈 감추듯이 해치운다. 반쪽을 잘라주면 통째로 내놓으라고 아우성이다. 어린이집에서도 당근과 오이를 바꿔먹는다니 손녀의 오이사랑은 대단하다. 오이 호불호는 아비와 정반대이지만, 바꿔먹기 잘하는 건 쏙 뺐다.

딸애는 더 특이하다. 오이를 싫어하면서 쓴맛이 훨씬 강한 '쓴 오이', 여주는 좋아한다. 피부미용과 다이어트에 효능이 있다지만 그렇게나 좋아할 수 없다. 말려서 차를 끓이면 쓴맛이 조금 가시는데, 딸애는 생 반찬을 즐긴다.

– 오이를 먹지 못하는 건 취향의 문제라기보다 유전적인 요인일 가능성이 훨씬 높기 때문이다.

동의할 수 없는 주장이다. 맛칼럼니스트의 밀면집 풍경에는 동감하지만, 오이 호불호를 유전으로 보는 건 이해가 되지 않는다. 천차만별인 우리 가족을 보아도 유전과는 상관이 없다.

이런들 어떻고 저런들 어떠랴. 아들과 딸애는 이미 먹어라 말라할 나이가 아니다. 손녀가 오이만 먹는 것은 좀 지켜보아야겠다. 편식은 다른 사람에게 피해를 주지 않는다. 자신만의 취향을 나무랄 수는 없다. 식성은 취향이고 자유로워야한다.

유전성이 강한 성격은 다르다. 다른 사람을 구속할 수도 있어

조심해야 한다. 타고난 성격이라 할지라도 주변에 부담을 주면 곤란하다. 우리가족도 성격은 서로 닮았다. 삐쭉 성질이 살짝 깔려있어 비단결 같지는 않다. 그렇다고 괴짜도 아니라 세상 살아가는데 큰 지장은 없다.

아내와 성격은 찰떡궁합까지는 아니지만 식성은 비슷하다. 소박이 만들어 잔치 한 번 벌려야겠다. 마트 문 닫을 시간이 다 되어간다.

하얀 밤에 까만 생각

밤이 밤 같지 않다. 불을 끄고 잠을 청하려는데 훼방꾼이 있다. 눈조리개가 새는지 희뿌연 잔광이 스며든다.

밤낮의 경계가 차츰 허물어진다. 거실 벽 홈메이트는 도둑을 지키기라도 하는 듯 밤새 꼭지불을 켜고 있다. 안방 가습기도 임무에 충실함을 증명하는 양 희미한 불빛을 머금고 있다. 부엌도 마찬가지다. 김치냉장고 머리에는 칠성장어 아가미처럼 동그란 불방울이 늘어서 있다. 밥솥과 정수기도 꼭 밤새 불을 밝혀야하는지 모르겠다.

예전에는 까만 밤이 많았다. 그믐밤은 사방을 둘러보아도 보이는 게 어둠뿐이었다. 심장이 조여 드는 것 같은 공포 가운데 야릇한 쾌감을 느끼기도 했다. 보름밤 창호지 바른 들창문 사이로 스며드는 은은한 달빛마저도 거슬려 이불을 뒤집어쓰기도 했다.

예전과 다른 게 또 있다. 밤에 한두 번 화장실에 간다. 낡은 기계 탓이다. 당장은 굴러간다고 정비공장 가는 걸 피일차일 미루고 있다. 다행히 밤이라고 전등을 따로 켤 필요가 없다. 창밖을 내다보니 불야성이다. 창문을 기웃거리는 길거리 가로등만 해도 발을 헛짚을 일은 없다. 요즘은 고층아파트끼리 불꽃놀이 시합이라도 하는 듯 이마에 불띠를 두르고 있다. 집안 불빛이 아니라 도회지 기본 불빛만으로도 화장실 가기에 충분하다.

예전 화장실 가는 길은 달랐다. 겨울은 더했다. 어둠에 추위가 합쳐지면 더 춥고 더 깜깜하다. 나돌아 다니는 빛 한 줄기 없다. 이불속에서 나와 벽을 더듬어 방문을 찾는다. 이때까지는 눈을 뜨는 것보다 감는 게 편하다. 실눈도 필요 없다. 눈을 질끈 감고 턱을 조금 치켜들고 머릿속으로 출입문 방향을 가늠한다. 툇마루 아래 널브러져 있는 고무신을 아무거나 대충 신고 축담을 내려와 마당을 가로질러 화장실까지 가는 과정은 고난의 길이었다.

화장실에서도 평온이 찾아오지 않는다. 엉덩이를 까고 봇돌을 찾을 때는 신중해야한다. 자칫 낭패를 볼 수도 있다. 어제 그제 내린 눈마저 바싹 얼어붙은 밤, 갑자기 대숲 서걱거리는 소리와 함께 한줄기 바람이라도 불어오면 엉덩이와 그 주변은 시리다 못해 아려온다. 주요부분이 얼어 행여 못쓰게 될까봐 어머니들이 걱정을 하기도 했다. 돌아오는 길은 눈조리개가 활짝 열려 조금 수월하다. 마음까지 얼어붙는 까만 밤에 느끼던 짜릿한 공포가 그립다.

겨울밤 화장실만큼 수난의 장소가 있다. 감옥 수감자들이 가장 곤혹스러운 게 어둠이 없는 것이라고 한다. 눈을 감으면 어둠이 찾아와야 어머니 생각이나 참회의 시간을 가질 수 있다. 수감자들의 안전을 위해 일 년 365일 밤낮을 가리지 않고 조명등이 켜져 있으니 피로감이 쌓일 수밖에 없다.

한반도 위성사진이 세계적 관심거리다. 평양에만 동전만한 불점 한 개가 있는 암흑천지 북쪽과, 대낮처럼 밝은 남쪽을 두고 이러쿵저러쿵 분석을 하는데 하나같이 인간 중심이다. 밤이 밝으면 사람들이야 편하겠지만 자연은 그렇지 않다. 광명천지에서는 반딧불이가 떠나고 달빛이 빛을 잃는다. 미리내도 옛날이야기 속으로 자취를 감춘다. 낮같은 밤을 가진 남쪽 땅보다 밤다운 밤을 가진 북쪽 땅, 깜깜한 맛을 보고 싶은 사람이 나뿐일까.

추위하면 중강진이었다. 초등학교 자연 시험문제에 등장할 만치 우리나라에서 가장 일반화된 상식이었다. 중강진이라는 단어는 추위와 어둠의 시너지 효과로 더 춥게 느껴지고, 중강진은 실제로 예나 지금이나 한반도에서 가장 추운 곳이다. 중강진과 추위, 어둠은 정겨운 단어였다. 그런 중간진도 언제까지나 지구온난화에 버틸 수 있을까. 밤마저 휘황찬란해지면 한반도 최후의 원시지경이 사라질까봐 걱정이다.

낮에는 깨어있고 밤에는 자야한다. 사람과 동물뿐 아니라 식물도 마찬가지다. 텃밭 가는 길에 한 쪽 얼굴에 까만 칠을 한 동그란 가로등이 있다. 낮에 보면 잘 알 수 없지만 해가 저물고 어둠이 찾아오면 분장한 이유를 알 수 있다. 사람들이 다니는 길은 훤하게 비추고 반대쪽 작물이 자라는 땅에는 온전한 밤을 보장한다. 뜬눈으로 밤을 지새운 호박덩굴은 젖 먹던 힘을 다해 꽃은 피우지만 충실한 열매를 달지 못한다. 온몸에 반짝이를 두르고 건물 앞을 지키는 조경수는 수면 부족으로 서서히 사시랑이가 되어가다 결국은 생명을 단축한다.

달빛과 별빛은 인간이 만든 빛과는 다르다. 초가지붕에 올라탄 박 덩굴이 달빛을 만나면 새하얀 꽃을 피우고 매달린 열매에 포동포동 속살을 찌운다. 달맞이꽃은 밤새 달과 이야기꽃을 피우다 동쪽하늘이 붉어오면 아쉬운 듯 입술을 닫는다. 쏟아진 별빛이 산과 들에 은빛 융단을 깐다. 별빛아래 고추나무는 별 같은 꽃을 하늘의 별보다 더 많이 매단다.

'빛의 어둠'을 경계해야한다는 움직임이 있어 다행이다. 너무 밝아 불만이라는 것이다. 하루 일을 마치고 조명등을 꺼도 아직 하루가 끝나지 않은 것 같다. 예전 밤은 도깨비불 정도가 돌아다녔는데 요즘 밤은 온갖 잡불이 활기를 친다. 눈이 깨어 있으니 잡생각들도 잠들지 못한다.

예전에는 달랐다. 어머니가 손바닥을 세로로 세워 한 번 '훅'

불면 밤이 왔다. 호롱불이 꺼지면 불빛 한 점 남지 않는다. 밤은 얼어붙지만 꿈은 얼지 않았다. 요사이 부쩍 환한 전깃불 아래에서 호롱불 생각을 자주한다.

깜깜한 밤이 그립다.

회한

떠들썩한 하루였다. 방탄소년단BTS의 2030부산세계박람회 유치기원 콘서트가 열린 날이다. 국내외 팬 6만 명이 현장을 찾았고, 전 세계 229개 나라에서 5천만여 명이 관심을 가졌다니 대단하다.

그날 중년을 넘은 사나이 몇이 산에 올랐다. 콘서트가 열린 아시아드 경기장 주변이다. 성지곡수원지 오른쪽에 우뚝 솟은 쇠미봉에 오르면 경기장이 대각선으로 내려다보인다. 공연준비 상황을 점검해보자며 우리끼리 왁자지껄 우쭐해한다. 소나무가지 사이로 가까스로 내려다보이지만 가시거리 밖이다. 사람들의 움직임은 볼 수가 없다. 오래전 태풍에 이빨이 빠진 지붕 한쪽이 그대로인 건 옥에 티다.

갑자기 소외감이 밀려온다. 지금 우리는 공연장이 아니라 산꼭대기에 서 있다. 우린들 공연장에 갈 수 없었으랴. 젊은이들에게 양보하고 산으로 올라왔다는 농담 섞인 자위도 왠지 씁쓰레하다. 젊음의 열정이 사라진 게 이유라는 걸 모두가 숨기고 있다.

돌이켜보면 소름끼치는 일이 더러 있다. 지금 생각해도 이해가 가지 않는다.

몇 해 전 중국 하북성 소오대산(2882m) 산행이 떠오른다. 야생화천국으로 알려진 만큼 거대한 산이 꽃물결을 이룬다. 샛노란 금련화가 주인공이다. 중국 땅에서 제일이라니 인간세상에서 으뜸일 수도 있겠다. 고산병에 시달릴 고도는 아니지만 해마다 산악인들이 죽어나가는 산이라 눈이 내리지 않는 여름철만 산행이 가능하다.

산을 오르다 한 무리의 중국 청년들을 만났다. 야영준비를 하는 건지 마무리를 하는 건지 분명하지 않다. 넓고 넓은 꽃 천지에 우리와 저들뿐이다. 한쪽은 조금 시들었고, 다른 한 쪽은 한창 피어나는 차이가 있을 뿐이다.

우리에게 말을 걸어온다. 입에 손나발을 대고 고함을 지르는데도 백여 미터의 거리 때문에 분명하지 않다. 귀를 쫑긋하고 들어보니 일본인이냐고 묻고 있다. 서울과 코리아를 번갈아 외쳐대니 저들이 벌떼처럼 일어나 우리를 향한다.

갑자기 춤판이 벌어진다. 하늘을 펼쳐 배경삼고 야생화 융단을 깔아놓은 무대는 꿈결 같다. 십여 명이 넘는 청년들이 싸이의 강남스타일 춤을 추기 시작한다. 갑작스런 일이라 반가움과 함께 어리둥절하다. 우리는 가던 길을 잠시 멈추지도 않고 주뼛주뼛 손만 흔들어 응수하는데, 저들은 우리 일행이 눈에서 사라질 때까지 몸을 흔들어댄다.

같이 흔들어주지 못한 게 지금도 아쉽다. 그네들도 꼰대라는 단어를 알고 있었을까. 나는 숫기가 없다. 주변 친구들도 대부분 나와 비슷하다. 끼리끼리 어울린다는 말이 빈말이 아니다.

직장생활 때는 각가지 교육이 있었다. 정권이 바뀌거나 사장이 새로 들어오면 으레 한 차례 교육광풍狂風이 휘몰아친다. 시기와 교육명도 희미하지만, 나의 숫기 없는 행동은 기억 속에 뚜렷이 남아있다. 장소는 경주보문단지가 확실하고, 제목이 다물교육이었던가. 다물多勿은 민족정기를 되찾는다는 의미였고, 들불처럼 번져나갔다.

희한한 종목이 있었다. 남녀직원 수십 명이 함께하는데 화합정신을 키우는 게 목적이라던가. 나이든 남직원과 비교적 나이 어린 여직원이 짝이 된다. 잔잔한 음악이 흘러나오면서 남녀 성우의 차분한 목소리가 은은히 이어진다. 남직원이 여직원을 두 팔로 가볍게 끌어안고 눈을 지그시 맞추고 마음을 주고받는다는 내용이다. 그것도 계속 짝을 바꾸며 돌아간다.

눈앞이 흐릿해지더니 갑자기 깜깜해진다. 현기증으로 쓰러질 것 같다. 살아야겠다는 생각에 이를 앙 다문다. 와중에 용기가 생긴다. 나는 도저히 못하겠노라고 강사에게 손을 들었다.

강사의 정성스런 설득에도 넘어갈 마음의 여유가 없었다. 교육이 진행되는 한 시간 동안 교실 뒤편에서 지켜보는 것도 고역이었다. 나만 정신상태가 올바르고 모두가 비정상처럼 보였다. 전국에서 몰려든 직원들 중 정신이 똑바로 박힌 사람이 어찌 나뿐인가. 황당한 생각은 끊일 줄을 몰랐다.

물 위에 기름 한 방울, 돌이켜보면 숫기가 없는 게 아니라 열등생에다 쪼다가 틀림없었다.

잠시 착각에 빠져본다. 꽃 천국이다. 양손을 앞으로 모으고 두 다리를 껑충거리며 엉덩이를 흔들어댄다. 금방 이마에 땀이 맺힌다. 다음 장면은 남녀직원이 함께 빙글빙글 돌아가는 교실이다. 솔선수범하는 우등생 한 사람이 눈에 들어온다. 누군가 싶어 유심히 바라보니 안면이 있다. 나다. 착각은 자유다.

우연히 만난 스승

기우였다. 농막을 지어놓고 며칠씩 혼자 있다 보니 외롭지 않을까 생각했다. 텃밭 재미가 쏠쏠하다. 흙을 만지고 작물이 커가는 모습을 보며 즐기기도 하지만, 배우는 재미가 으뜸이다. 나 홀로 텃밭에도 스승이 있다.

텃밭에 감초는 상추다. 겨울에도 잎을 따 먹겠다는 욕심에 비닐을 덮어 둔 상추는 기대를 채워주지 못했다. 쌈을 쌀 만한 잎을 달지 못하고 봄이 채 오기도 전에 말라 죽는다. 간신히 목숨이 붙어 있어도 너무 약해 제 역할을 못한다. 노지에서 추운 겨울을 보낸 상추는 봄이 오자마자 생기가 돈다. 봄볕에 하루가 다르게 살이 붙고 윤택이 난다. 꽃대를 쑥 밀어 올리면서 계속 튼실한 잎을 단다.

식물은 얼고 녹기를 되풀이 하면서 살아간다. 그래야만 종족을 유지할 수 있다. 혹한을 이겨낸 꽃망울이 눈부신 꽃을 피우고 충실한 열매를 매단다. 추운 겨울이 이듬해 풍년을 가져온다. 병해충이 얼어 죽기도 하지만, 생장을 중단하고 생명줄을 간신히 잡고 있는 인고의 시간을 거쳐야 번식력이 강해진다. 농부는 혹독한 추위를 불평하지 않고 포근한 겨울을 걱정한다.

아파트에 화분을 공동으로 키우는 공간이 있다. 콘크리트로 포장된 직사각형 공간인데 화분 돌보기에 안성맞춤이다. 봄이 되면 이집 저집에서 화분이 나오기 시작한다. 따뜻한 실내에서 애지중지 보호받으며 지낸 녀석들이다. 하나같이 몰골이 말이 아니다. 겨우 목숨만 부지하고 있다. 겨울 한 철은 눈을 뒤집어 쓰고 칼바람에 흔들리며 추위에 노출되어야 살아남는데 말이다.

농작물을 유심히 살펴보면 확연하다. 봄보다 가을배추가 단단하고 깊은 맛을 낸다. 빙점을 낮추기 위해 스스로 당을 생산하고 저장한다. 단맛이 나고 씹을수록 고소한 봄동은 노지에서 겨울을 나지 않으면 쳐주지도 않는다. 가을에 심은 완두콩이 이듬해 굵은 열매를 달고, 눈보라를 맞은 대파가 하얀 줄기를 자랑하며 장바구니 안에서도 꼿꼿하다. 따뜻한 겨울에 묻혀 안이하게 지내다보면 마늘 같은 양파가 되고, 달래뿌리 크기 마늘이 나온다.

텃밭에서 또 하나의 스승을 만났다. 여남은 마리 고양이가 함께 산다. 죽음 직전까지 심하게 다치고도 목숨을 부지했다고 '불사옹'으로 이름 붙여준 녀석이 있다.

녀석을 만난 건 아직 새끼티를 벗어나지 못한 때였다. 웅크리고 있는 모습이 처음에는 죽은 줄 알았다. 나를 보자 안간힘을 다해 몸을 일으켜 몇 발짝 내딛는데 피투성이 송장이 움직이는 것 같다. 왼쪽 배에 창자가 아른거리는 상처가 있고 뒷다리 한 개는 곧 떨어져 나갈 것처럼 간신히 붙어있다.

이를 어찌해야하나. 가슴이 쿵쿵거리고 손발이 떨린다. 고춧대 밑에 몸을 숨기고 있는 녀석에게 먹이그릇을 내밀어도 내 얼굴만 빤히 쳐다본다. 먹을 기력도 없어 보인다. 숨결까지 고르지 않다. 초점을 잃은 눈동자는 공포가 덕지덕지 쌓여있다. 참치통조림을 들고 가도 반응이 없다. 죽을 때만 기다리는 걸까.

우두머리들 다툼은 두어 번 보았다. 대장에게 도전자가 나타나고 몇 차례 대결이 이어진다. 서로 크고 작은 상처를 달다가 어느 날 새 대장이 무리를 이끈다. 새끼고양이가 치명상을 입은 모습은 처음 본다. 대장 정도의 재목이면 어린 애들에게는 말로 타이르지 무력을 쓰지 않는다. 세상물정 모르고 천진난만하게 행동하다가 양아치 같은 조폭에게 당한 게 틀림없다.

참으로 마신 막걸리 한 잔이 목에 걸려 넘어가지 않는다. 잠시 후 나가보니 녀석이 사라지고 없다. 먹이에 손댄 자국이 있지만 마음이 놓이지 않는다. 다음날도 그 다음날도 모습을 드러내지 않았다. 주검이라도 찾아 묻어주려 했으나 흔적도 없다. 며칠이 지나면서 그의 존재는 잊혔다.

눈이 번쩍 뜨인다. 오랜만에 찾아간 텃밭에 녀석이 나타났다.

눈동자에 생기가 돈다. 어린 나이에 당한 엄청난 충격으로 트라우마가 생겼는지, 아직은 다른 녀석들과 어울리지 못하고 물에 기름처럼 돌고 있다. 그래도 살아준 게 신기하고 반갑다.

그날부터 힘자라는 데까지 보살펴주었다. 무리가 아귀다툼하며 먹이를 먹는 동안에는 멀찌감치 독상을 차려 주고, 외톨이로 풀죽어 있을 때는 통조림도 아끼지 않았다. 다른 녀석들은 밥을 먹고 나면 저마다 아지트로 우르르 사라지는데 녀석은 집도 없는 모양이다. 허드레로 사용하는 테이블 아래에 종이박스를 넣어주니 슬며시 스며든다. 오갈 데가 없으니 선택의 여지도 없다.

두어 달이 지나면서 넉살도 늘었다. 다른 녀석들과 같은 먹이 그릇을 두고 어울리기도 하고, 때로 자신보다 덩치가 큰 녀석들을 밀쳐내고 그릇을 차지하기도 한다. 죽음 직전까지 다녀온 터라 무서울 게 있으랴. 상처가 심했던 배는 털은 나지 않았지만 가죽 살이 덮여있다. 털 없는 고양이 스핑크스를 닮았다. 부러진 다리는 아직 땅을 딛지는 못해도 훨씬 가벼워졌다.

시련을 딛고 살아난 녀석이 대견하다. 동물이 상처를 입으면 자연치료가 된다지만 녀석의 상처는 그런 수준이 아니었다. 그에게는 청천벽력이었으리라. 죽기를 각오하고 살아난 게 분명하다. 고난을 이겨내고 정상을 찾아가는 녀석이 절대 포기하지 말라는 가르침을 준다. 언젠가 녀석이 대장자리도 넘볼 수 있으리라 점쳐진다.

인생도 닮았다. 옛날에는 개천에서 용이 났다. 온갖 자연풍파와 싸워야하는 개천에서 용이 나는 것은 당연하다. 자신의 행세를 다하려면 시련을 이겨내야 한다. 용을 수족관에 가두어두면 미꾸라지가 될 게 뻔하다. 사람이나 자연이나 살아남기 위한 노력이 스스로를 살찌우고 가치를 높인다.

화려한 꽃을 피운 인물들은 공통분모가 있다. 혹독한 고초와 역경을 겪지 않은 경우가 드물다. 고난이 클수록 더 빛나는 성공 사례를 얼마든지 볼 수 있다. 한양 벼슬아치 시절에는 두각을 나타내지 못하다 귀양살이 중에 뛰어난 업적을 남긴 선비들이 부지기수다. 억울한 귀양일수록 만대에 귀감이 되는 훌륭한 족적을 남겼다.

식물이 온실에서만 살 수 없고, 동물의 한 평생도 꽃길만 있을 수는 없다. 혹독한 추위에 노출되고 아픔을 이겨내야 살아남을 수 있다. 인생의 추위도 마찬가지다.

제4부

이슬각시

개똥참외의 윤회

확률제로의 동행

반창고 한 장과 평생의 한

텃밭에서 배운 질서

기본 야마리

생선 다래비

불만의 씨앗 과민

걸레일생

오시게 가지 마시게

박노욱 두번째 수필집

이슬각시

밭이 몸살을 앓고 있다. 바람이 불면 푸른 물결이 넘실대야할 이랑에서 흙먼지만 날린다. 마늘과 양파를 수확해 보니 더 심각하다. 십여 년 전 처음 농사를 지을 때 마늘만한 양파와 콩알 같은 마늘로 많이 부족함을 깨달았다. 그날 이후 심기일전하여 시장에 내어놓아도 빠지지 않을 정도로 때깔 나는 물건을 만들었다.

올해는 사정이 다르다. 마늘과 양파가 하나 같이 씨알이 자잘하다. 도로 아미타불이 되었지만, 혹독한 가뭄 속에 이 정도라도 건진 건 다행이라고 자위도 한다. 곰곰이 생각해보니 누군가의 수고가 있었던 게 분명하다.

자연의 신비는 대단하다. 비가 오지 않아도 식물은 어지간히 긴 시간을 이슬을 먹고 견딘다. 뿌리를 땅속 깊숙이 박고 있는 나무는 말할 것도 없고, 가녀린 실뿌리를 흙으로 살짝 덮고 살아가는 푸성귀도 마찬가지다. 어찌 식물뿐이랴. 풀잎에 기대어 의식주를 해결하는 메뚜기가 그렇고, 손발에 빨판을 달고 나뭇가지나 잎사귀에 붙어 사는 청개구리도 이슬이 없으면 목숨을 부지하기 어렵다. 구름 한 점 없어 땡볕이 예상되는 맑은 날 아침일수록 이슬이 흠뻑 내린다. 혹독한 가뭄이 계속 될 때는 밤새 비가 내린 것 같다. 가뭄에 허덕이는 꿈을 꾸다 아침에 일어나 비가 온줄 착각한 게 한두 번이 아니다.

이슬이 있다지만 날이 갈수록 시름이 깊어진다. 한 해의 반이 훌쩍 지나가는데 비다운 비가 없다. 개나리 필 때 봄비가 이랑을 적셔주어 풍작을 꿈꾸었는데 일장춘몽으로 끝나려나. 작물만 타는 게 아니라 농부의 가슴까지 새까맣게 타들어간다. 하루가 달리 기운을 더해야 할 호박은 진딧물을 잔뜩 뒤집어쓴 채 덩굴손 마디마디가 까맣게 말라가고 있다. 지금쯤 우듬지 같은 꽃대를 내밀어야할 옥수수는 따가운 햇살에 잎이 비틀어져 헝클어진 머리카락 행세다. 너나할 것 없이 마지막 남은 숨을 할딱거리고 있으니 들판이 거대한 병동 같다.

아무리 손을 써도 앉은뱅이에 진배없다. 고무호스를 끌고 다니며 호박구덩이를 적시고, 물조리개를 들고 이리저리 뛰어보지만 금방 숨넘어가는 소리가 들린다. 하늘을 원망한들 비를 줄 리 만무하다. 인디언 기우제를 지낼 만치 여유가 있는 것도 아니다. 청개구리를 모셔와 사정을 해볼까. 여차하면 한 마리 잡아 목이라도 비틀어볼까.

식물도 하늘이 하는 일과 인간의 손길을 안다. 사람이 주는 물을 받아먹기는 하지만 타들어가는 몸을 온전히 건사하기에는 힘이 턱없이 부족하다. 아무리 물을 열심히 먹여 주어도 겨우 목숨만 부지한다. 그렇다고 실타래처럼 얽혀있는 생명 줄을 놓을 수는 없다. 모두가 하늘에 달렸다지만, 지성이면 감천이라 했다.

계곡물이 어제오늘이 다르게 줄어든다. 해저물녘에 보니 절망이다. 저수탱크에 흘러들어오는 물이 갓난아이 오줌줄기보다 가늘다. 저러다가 눈물방울로 변하고, 바짝 말라버릴 것 같이 위태위태하다. 계곡물에 몸을 담그고 옹기종기 모여 사는 가재들은 어떻게 해야 하나. 이제 겨우 뒷다리 두 개를 달고 물장구질 삼매에 빠져있는 올챙이 형제들의 미래는 또 누가 보장하나.

죽으라는 법은 없다. 다행히 계곡도 농부의 애타는 마음을 아는지 물을 딱 끊지는 않는다. 다음날 아침이면 한숨이 어느 정도 사그라진다. 믿기지 않을 정도로 수량이 불어나 있다. 사막에서 신기루를 만난 것처럼 눈이 번쩍 뜨인다. 물조리개를 내팽개치고 양손으로 볼을 꼬집어보니 따끔하다.

몇 해 전이다. 늘 바닥이 자작자작해 농작물이 들어앉기를 꺼려하는 자투리땅에 삽과 곡괭이로 작은 연못을 팠는데, 두세 해 만에 생태가 살아나면서 제법 묵은 티가 난다. 이듬해 여름, 물이 말라가는 들판 물꼬에서 허덕이는 우렁이 몇 마리를 연못으로 이사시킨 적이 있다. 어린 시절 하굣길에 물 빠진 논바닥에서 목말라하는 우렁이가족을 검정고무신에 담아 도랑으로 나른 이후 처음이다.

연못에 자주 눈길이 간다. 왜가리 한 마리가 잊을만하면 찾아와 목을 길게 빼고 물속을 두리번거리며 한참이나 머무르다 날아가곤 한다. 산 아래 저수지에서 건져온 붕어 대여섯 마리는 산란 한 번 하기도 전에 씨가 말랐다. 왜가리가 우렁이를 훔칠라치면 그때마다 팔을 휘두르며 내쫓았다.

누가 밤새 계곡물을 채웠을까. 지난밤 아무도 모르게 우렁각시가 다녀간 것일까. 농부 덕분에 새 보금자리를 마련한 우렁이 후손들이 연못 이곳저곳에서 더듬이를 흔들어대고 있지만, 설마 우렁이가….

우렁이라면 그럴 수도 있으리라. 토종우렁이는 어미 살을 다 갉아먹고 나서야 세상으로 나온다. 새끼들에게 살점을 깡그리 내어준 어미는 빈껍데기만 남아 물 따라 흘러가다 풀숲에 정착해 영면에 들어간다. 오로지 자식을 위해 헌신하는 우리의 어머니를 닮은 우렁이인지라, 자신을 살려준 은인에게 보은이라도 할 것 같은 생각이 든다.

나름 답을 찾았다. 밤마다 찾아오는 우렁각시가 이슬임이 틀림없다. 이슬각시가 별 초롱을 들고 밤을 새워 허공에 떠도는 물기를 한 방울도 남김없이 끌어 모아주었다. 이슬이 계곡을 바로 채우지는 못해도, 밤새 물이 마르는 걸 막아주니 아침이면 눈에 띄게 수량이 늘어난다.

포기하지 않으면 희망이 있다. 백척간두에서 버틸 수 있는 힘을 주는 이슬은 보배가 틀림없다. 한 줄기 실바람이나 고추잠자리 날갯짓에도 굴러 떨어지는 이슬방울이 산천초목에게 구세주가 된다. 구슬은 서 말이라도 꿰어야 보배지만, 이슬은 한 방울 한 방울이 생명 줄이 되어준다. 긴 가뭄에 이슬마저 내리지 않는다면 세상인들 온전하랴.

비는 더러 심술도 부린다. 오랜 가뭄을 주어 농부의 애를 태우거나 폭우로 물난리를 만들기도 한다. 이슬은 한결같다. 이슬이 인간세상이나 자연에 해를 주는 일은 없다. 아침 일찍 논두렁에서 바짓가랑이를 축축이 적시는 이슬이 성가시기는커녕, 가뭄 속 농부에게는 지푸라기 같은 한 가닥 희망이다.

우로雨露가 모두 고맙지만, 길고 혹독한 가뭄일수록 하루도 빠지지 않고 찾아오는 이슬은 더욱 소중하다. 가뭄 끝에 단비가 내리면 이슬은 그동안 아무 일도 없었던 듯 우렁각시처럼 슬며시 자취를 감춘다.

인간세상은 어디나 이슬을 갈망한다. 이슬이 많이 내리는 세상은 행복하다. 한 사람 한 사람이 기꺼이 이슬 한 방울이 되어준다면, 반드시 행복한 세상이 온다.

오랜만에 비가 내리고 있다. 애타게 기다리던 비가 온다고 이슬의 고마움을 잊지 말자. 이슬이 잡아주었던 생명 줄이 없었다면 비도 소용없다.

개똥참외의 윤회

봄이 무르익어 초여름이 되면 세상은 노란색이다. 참외의 계절이다. 이맘때까지는 형형색색의 옷으로 갈아입는 과일이나 채소가 드물다. 봄 과일의 대명사인 매실은 노랗게 물 들기도 전에 수확한다. 수박은 햇살을 더 받아야 무늬가 선명해지고, 복숭아와 사과도 아직 갈 길이 멀다.

지하철역 입구에 노란 산이 있다. '현지직송 성주꿀참외'란 팻말을 달고 있는 소형트럭이다. 알맞은 깊이와 적당한 간격으로 파인 골을 보니 건강미가 줄줄 넘친다. 흘러내릴 것 같은 노란빛이 마음을 사로잡는다. 유혹을 참을 수 없다. 한 소쿠리 담으니 비닐봉지가 찢어질 듯하다. 일품 맛이 혀끝을 감돌아 오면서 저 멀리 노란색을 띤 개똥 한 개가 굴러온다.

화장실이 편하지 않던 시절이다. 아이들은 더하다. 아가리가 빨래판만한 재래식 화장실에 아이를 혼자 보내는 건 위험하다.

거름무더기 근처나 돌담아래 어디든 무난하다. 뒤처리를 따로 할 필요도 없다. 김이 모락모락 나는 아이 똥을 멍멍이가 흔적도 없이 청소해준다. 간혹 참을성 없는 강아지가 사고를 친다. 미처 나오지도 않은 똥을 받아먹으려다 엉덩이나 주요부분을 물어뜯기도 한다.

아이와 강아지가 힘을 모아 씨앗 한 알을 잉태한다. 배꼽이 터질 것 같은 아이 뱃속에서는 씨앗이 오랫동안 버틸 수 없다. 아이 배를 거친 씨앗이 햇빛을 보기도 전에 강아지 뱃속으로 옮겨간다. 강아지 뱃속을 탈출한 후에야 비로소 자유를 얻는다. 촉촉한 비와 따뜻한 햇살을 받으며 싹을 틔운다. 씨앗이 강아지 배에서 아이 뱃속으로 다시 돌아갈 우연은 전혀 없다. 여기까지가 한 개의 사이클, 저들의 한살이다.

개똥참외가 탄생한다. 개똥참외는 잎새 뒤에 숨어 자란 산딸기를 쏙 뺐다. 어느 누구 눈길 한 번 주지 않아도 잘도 자란다. 노란 꽃 몇 송이가 피고 지다 어느 날 새끼손가락 마디만한 파란 열매를 단다. 목이 쉬는 줄 모르고 울어대던 매미 목구멍에서 쉰 소리가 나올 때쯤, 달걀 만하게 몸집을 불린 열매가 노란 옷으로 갈아입는다. 원래 주인이었던 아이의 입으로 들어가 내생을 기다린다.

무늬만 개똥인 참외도 있다. 오래전 사량도 옥녀봉 근처 외진 곳에서 개똥참외를 만났다. 등산로에서 꽤나 떨어진 곳인데 내가 왜 찾아들었는지 밝히기가 쑥스럽다. 따져본들 무슨 소용이 있으랴. 소나무가 띄엄띄엄 서있는 바위 틈 한 구석이다. 나보다 먼저 다녀간 푼수가 있다. 싱싱한 줄기에 파란열매 노란열매를 달고 있었지만 왠지 믿음이 가지 않았다. 그 녀석은 아이 대신 오염된 어른 뱃속만 거쳐 순도가 떨어졌을 게 뻔하다. 무엇보다 산꼭대기에서 강아지 뱃속 여행을 했을 리 만무하다. 외모만 보면 진품과 진배없지만 진정한 개똥참외가 아니다.

심걸석분心傑席糞, 똥밭에 앉아도 마음은 호걸이다. 개똥참외는 한 수 위다. 아이 똥 개 똥 가리지 않고 더불어 산다. 똥이 없으면 개똥참외도 없다. 똥밭에 앉은 게 아니라 아예 똥과 일심동체다. 보살피는 손길 하나 없어도 굳건히 살아간다. 그 작은 몸매를 하고도 후손 생산을 위한 끈을 놓지 않는다. 타고난 운명과 열악한 환경을 원망 않고 열심히 살아간다. 작은 고추가 맵다하더니 빈말이 아니구나.

안개 속에 흑백화면 한 장이 떠오른다. 말똥구리가 쇠똥을 굴리는 거름무더기 가장자리에 아이 하나가 앉아있다. 영양분을 잔뜩 먹고 우거진 잡풀들이 엉덩이를 간질인다. 코앞에는 강아지 꼬리를 닮은 강아지풀꽃이 하늘거린다. 강아지 한 마리가 아이의 앞뒤를 번갈아 뛰어다니며 사타구니를 핥아댄다.

따뜻한 감촉이 새삼 그립다. 내년에는 텃밭에서 개똥참외 실험을 한 번 해보아야지. 진품이 아니면 어떠랴. 강인한 생명력을 배울 수도 있다.

확률 제로의 동행

어린 시절에는 꿈이 많았다. 아버지보다 농사를 더 잘 짓겠다는 다짐도 했고, 매일 자전거 타고 출퇴근하는 집안 아저씨처럼 면서기가 되는 꿈도 꾸었다. 내가 자의반 타의반 삶의 진로를 바꾸지 않았다면 어쩌면 이룰 수도 있는 꿈들이었다. 확률 제로의 꿈도 꾸었다. 대통령이다.

외출했던 아내가 돌아와 이것저것 출장보고를 한다. 대화 중 갑자기 말을 딱 멈추더니 온몸을 부르르 떤다. 빙글빙글 돌아가던 눈동자가 왼쪽손가락에 꽂히더니 서서히 각도를 올리다 천정 가까이에서야 고정된다. 순간, 무슨 큰 일이 생겼나 가슴이 철렁한다. 손가락에 끼워진 가락지에 붙은 보석이 떨어져 나가고 없다.

그러면 그렇지, 뛰던 가슴이 금방 안정을 찾는다. 아내의 사건은 자칭 모두 '대형'이다. 꼬마땅콩 크기의 루비라는데 돈으로 따질 게 아닌 분위기다. 이럴 때 내가 경제적 가치와 회수 불가능 운운하며 포기를 강요하면 사달이 날 수 있다.

아내가 바빠진다. 친구들과 점심을 먹었는데 우선 식당 가까이 사는 친구에게 SOS를 돌린다. 두어 시간을 머물렀으니 그곳이 분실현장일 확률이 높다는 판단이다. 다음이 몸소 현장 수색이다. 매사에 적극적인 아내의 자세에 박수를 보내야하나.

아내가 방금 갈아입었던 옷을 다시 주워 입는다. 오고 갈 때 지나친 지하철 두 정거장 거리를 샅샅이 살펴보리라 집을 나선다. 엉뚱하기도 하고 측은하기도 하다. 아파트 후문을 나서 소방서 앞을 지났다. 대로보다 골목길을 걸었다. 식당에서 밥을 먹고 돌아오는 길에 새로 오픈한 마트에 들렀다. 친구들과 헤어진 후에는 갈 때가 아닌 다른 길로 왔단다. 나도 외면만 할 수 없어 옷을 주섬주섬 챙겨 입었다. 바늘 가는 데 실이 꼼짝하지 않으면 반드시 우환이 따른다는 건 경험으로 안다.

수색하는데 불리한 지형지물이다. 언덕위에 자리 잡은 아파트라 큰길이든 골목길이든 경사가 심하다. 구슬처럼 생긴 루비가 떨어져 나가면 그 자리에 기다리지 않고 떼굴떼굴 한 없이 굴러갈 게 뻔하다. 곳곳에 설치된 하수구 구멍을 들여다보니 담배꽁초만 소복이 쌓여있다. 실오라기 같은 나무 한 그루가 햇빛을 찾아 나서고 있는 모습은 와중에 봄이 왔음을 알려준다. 행여 길 양쪽 가장자리에서 애타게 주인을 기다리고 있을 지도 모른다.

나는 오른쪽, 아내는 왼쪽에 눈을 고정시키고 한 걸음 한 걸음 전진한다. 아내와 함께 살아온 먼 길을 필름으로 돌려보는 것 같아 빙그레 웃음이 나온다.

영화의 한 장면이 떠오른다. '광복절 특사'에서 탈옥한 죄수 두 명이 교도소로 자진 복귀하는 장면이다. 내일 특사로 풀려나는 사실을 미처 모르고 어제 탈옥을 했다. 훔친 경찰차를 타고 교도소 담장 위를 날아 들어가려는 순간이다. 그 시각 교도소 안은 난동이 일어나 비정상 상태다. '밟아, 무조건 밟아!'에 '아니야. 이건 미친 짓이야!' 숨 가쁜 대화가 오간다. 그들은 결국 그 방법으로 무사히 교도소 진입에 성공한다. 아내와 탈옥수의 끈질기고 무모한 의지가 닮았다.

간질간질한 입을 참기 어렵다. 이왕 따라 나온 것 이를 악물고 버틴다. '이건 아닌 것 같은데' 씨부렁씨부렁 혼자 말에 아내가 반응한다. '뭐라고요' 예민해져서인지 귀가 평소보다 밝아진 것 같다. 한 번 뱉으면 다시 담을 수 없는 게 가래침과 말이라 했던가. 할까 말까 할 때는 하라고 하지만 말은 아니다. 말을 적게 해서 손해 보는 일은 드물다.

난이도로 보면 이보다 높은 게 또 있을까. 해운대 백사장에서 바늘 찾기보다, 광안대교 위에서 바다에 빠뜨린 동전을 찾는 일보다 결코 쉽지 않으리라. 차라리 우주에서 미아를 찾자. 엄마 찾아 삼만 리 길을 떠나는 건 어떨까. 아인슈타인의 영감 1%가 생각나지만 루비 수색은 0.1, 0.01%라도 될까. 흔들리는 내 마음을 아는 듯 아내의 격려가 이어진다. 요즘은 땅바닥에 떨어진 구슬을 주워갈 사람이 없다고 한다. 짜가가 판치는 세상이라 그렇단다.

수색은 계속된다. 저만치 횡단보도에 파란불이 들어왔는데도 뛸 수가 없다. 빨리 가는 게 목적이 아니고 목표물을 찾아야 한다. 수색대상 경로의 반 바퀴를 넘어 도니 신장개업한 마트다. 지구의 반 이상을 돌아온 듯하다. 오늘 오픈한 마트 바닥은 제비족 백구두보다 반짝반짝 윤이 난다. 구슬이 숨을 곳이 되지 못한다.

누군가 나를 쳐다보고 있다. 막걸리 머리맡에 690원이라는 가격표가 붙어있다. 신장개업 할인행사가 끝나면 1,500원 안팎으로 급상승한다. 진열대에서 줄을 지어 총총히 서있는 그들이 나를 보고 아는 체하며 활짝 웃고 있다. 나는 웃을 수 없는 입장이라 씁쓰레하다. 고개를 슬며시 돌린다. 얼마 전 병원신세를 진후 금주령이 내려진 상태다. 술꾼 10단계 중 최고 경지인 생사불문生死不問, 인간 세상에 그런 주신酒神같은 인물이 있었을까. 잠시 선경仙境을 헤매는데 어깨에서 툭 소리가 난다. 여기는 아니라고, 아내가 자리를 옮기자고 재촉한다. 나와 막걸리의 애달픈 만남을 눈치 채지 못할 아내가 아니다.

집에 돌아와 또 다른 친구와 통화를 한다. 아까 식당에서 보니 아내 손가락 가락지에 보석이 없더라고 한다. 쇠붙이 몇 개가 가시처럼 도두라진 게 요즘 유행인 줄 알았다고 하니 순진한 친구다. 진작 통화를 했으면 지구 반 바퀴를 더 도는 수고는 덜 수 있었는데 아쉽다.

오늘 수색은 실패다. 사고현장이 텃밭일 확률이 더 높다. 작업복을 수시로 갈아입고, 장갑은 하루에도 셀 수 없을 정도로 끼고 벗는다. 면장갑이야 여반장인데 고무장갑은 다르다. 물에 손을 넣었다가 고무장갑을 벗을 때는 손가락이 함께 떨어져 나갈듯한 공포가 느껴진다. 물기가 서리면 고무와 피부가 착 달라붙어 구분이 되지 않는다.

오늘 수색은 여기서 끝낸다. 텃밭에 가서 다시 한 번 찾아보기로 의기투합한다. 부창부수婦唱夫隨라 해야 하나. 확률제로이지만, 모처럼 아내와 단 둘만의 동행이었다. 행여 살아가며 제2, 제3의 확률 제로 게임이 나와도 기어코 함께하리라. 목표달성보다 과정이 중요하다는 걸 새삼 실감한 하루였다.

대통령 꿈은 개꿈이 되었지만 텃밭수색이 아직 남았다. 다시 한 번 각오를 다진다.

반창고 한 장과 평생의 한

우리들의 만남은 숙명이었다. 수십 년간 묵어있던 밭이라 밀림에 가까웠다. 여기저기서 날아온 씨앗들이 움을 틔워 만든 숲에는 소나무와 느릅나무가 선두다툼을 하고, 개복숭아와 자귀나무가 더러 자리 잡고 있었다. 농막을 지으면서 나무를 잘라낼 수밖에 없었다. 단 한 그루, 나의 선택을 받은 나무가 있다.

농막에 기대 서있는 소나무다. 금수강산에 내 마음을 사로잡은 소나무가 수도 없이 많다. 그 중 텃밭 소나무에 제일 애착이 간다. 우리는 서로 남다른 정이 있으리라 믿고 산다. 그도 내 생각과 다를 바 없으리라. 세상에서 나보다 자신과 오랜 시간을 함께해 주는 사람은 없다는 걸 알기 때문이다.

그 나무가 텃밭을 지키고 있다. 세상이 꽁꽁 얼어붙은 겨울밤, 칼바람 소리가 간장을 서늘하게 해도 옆에 있어주어 푸근하다. 밤새 거센 바람과 함께 퍼붓는 장대비가 새삼 살아있음을 확인해 주는 날도 농막을 붙들고 버텨주니 안심이 된다. 핏줄보다 가깝다는 이웃사촌인들 이보다 든든하랴.

텃밭주인의 건강까지 살펴준다. 설익은 솔방울을 따서 고운 물로 치통을 다스리는데 효험을 톡톡히 보았다. 수명을 다하고 늙어 떨어진 솔방울은 소쿠리에 담아두면 사시사철 방안 습도를 조절해준다. 물을 먹기만 하는 하마보다 알아서 삼키기도 하고 내뱉기도 하니 훨씬 기특하다. 습도의 높낮이에 따라 솔방울이 오므렸다 펴졌다하는 모습을 보는 것도 재미있다.

봄이면 새순으로 송주와 효소를 담근다. 대부분 약재는 깨끗이 씻어 물을 빼면 준비가 끝난다. 솔순은 흐르는 물에 3~4일 담가두어야 한다. 물에 둥둥 떠오르는 송진이 어느 정도 가셔야 된다. 계곡이 있어 안성맞춤이다. 만만하게 생각하고 아파트에서 솔순을 만지다가 낭패를 본 적이 있다. 양 손가락 다섯 개가 한 덩어리가 된다. 솔순이 잠시라도 거쳐 간 바가지와 대야는 손에 쩍쩍 달라붙는다. 거북함도 잠시다. 송주와 효소는 해를 거듭할수록 솔향을 내뿜으며 몸과 마음을 행복하게 해준다.

가끔 민폐도 끼친다. 수시로 떨어지는 송진이 범인이다. 송홧가루를 다 털어내고 팥만 한 보라색 열매가 얼굴을 내밀 때쯤 송진을 한 번 토해낸다. 태풍 철에 가지가 꺾여도 치유를 위해 한동안 송진을 내뱉는다. 소나무 옆에 납작 엎드려 자라는 개복숭아가 난데없이 송진을 뒤집어쓴다. 나무 아래 테이블에는 늘 송진 자국이 끈끈이가 되어 팔꿈치를 괴롭힌다. 가까이 지내다보니 애증이 엇갈리게 마련이다.

지난해 봄 내가 저지른 만행은 후회막심이다. 우듬지 아래에 짓기 시작한 까치집 때문에 성가신 일이 한 두 가지가 아니었다. 시도 때도 없이 나뭇가지를 떨어뜨린다. 나무 아래 놓여있는 고양이 먹이를 채가는 걸 언제까지나 못 본 체 할 수는 없다. 며칠을 두고 까치집 처분여부를 고민했다.

어느 날 아침 한계가 오고 말았다. 묵직한 아랫배를 비우기 위해 땅만 쳐다보며 말없이 지나가는 내 머리위에 똥 세례를 퍼붓는다. 녀석들에게도 꼭 필요한 모닝똥이겠지만 허허벌판에서 하필 내 머리인가. 해가 뜨기 전이라 밀짚모자도 쓰지 않았다. 맨머리를 일부러 노린 것 같은 생각마저 든다. 더 이상 고민할 여유가 사라졌다. 까치집을 털어내려고 마음을 독하게 먹었다. 앞뒤 잴 겨를 없이 쇠망치를 소나무 둥치에 대고 몇 차례 휘둘렀다.

아뿔싸. 그제야 정신이 번쩍 든다. 이건 아니라는 생각이 머리를 내리쳤지만 엎질러진 물이다. 이미 준공단계에 접어든 까치집은 끄덕도 하지 않고 소나무 둥치에만 흉측한 상처가 났다. 안절부절 면장갑 낀 손으로 뭉개진 부분을 꾹꾹 눌러본다. 떨어져나간 껍질을 주워 상처를 메꾸려는데 장갑에만 쩍쩍 달라붙는다. 총에 맞아 피를 흘리듯 삽시간에 송진이 흥건히 맺힌다.

이 땅의 소나무가 수난을 당한 적이 있다. 일제강점기 때 전쟁

물자 확보를 위해 저질러진 송진 수탈이다. 송진을 얻기 위해 둥치에 새긴 V자 생채기로 수많은 거목이 쓰러졌다. 지금도 하나둘 쓰러지고 있다. 혈기왕성한 청년시절에 당한 상처로 제 역할을 다하지 못하고 생을 마감한다. 까치 똥에 이성을 잃고 일제와 같은 만행을 저질렀다.

후회해도 때는 늦었다. 뙤약볕이 정수리를 태울 것 같은 날에는 그가 만들어준 그늘에서 막걸리를 마시며 입맛을 다셨다. 멧돼지가 마당에서 킁킁대는 밤에는 보초를 서준다는 생각으로 단잠을 잤다. 매일 아침 인사를 건네며 하루를 시작한다. 농부는 마당에 나서자마자 날씨가 어떤지 하늘을 살핀다. 하늘보다 먼저 눈에 들어오는 게 넉넉한 그의 품이다. 늘 곁에서 교감하며 도움을 받던 친구에게 저지른 행패라 배은망덕도 유분수다.

원성이 들린다. 죽기라도 하면 그의 혼령이 하늘로 올라갈 수 있을까. 원혼이 구천지하도 아닌 농막지붕 위에서 떠돌 것 같은 생각에 이르자 오싹해진다. 다행이 생을 포기하지 않으려는 각오를 한듯하다. 쏟아 부은 송진이 땅에 하얗게 덕지덕지 수를 놓더니, 올 봄부터는 살아남으려고 발버둥치는 모습이 보인다. 치통이 찾아와 솔방울을 따려고 장대를 휘두른 적이 있다. 한 시간여 동안 딸기다라이 한 개를 겨우 채웠는데 올해는 몰라보게 달라졌다. 죽을 수도 있겠다는 예감이 왔나보다. 자손 번창을 위해 눈에 띄게 많은 솔방울을 달고 있다. 저만한 몸부림이면 반드시 살아남으리라.

어차피 우리는 헤어질 운명이다. 소나무가 낙락장송까지 갈지도 장담할 수 없지만, 나는 그보다 훨씬 먼저 사라진다. 내가 쓰러지기 전까지는 상처를 보듬어 주리라.

무심코 휘두른 쇠망치가 한 차례 뿐이었던가. 살면서 다른 사람에게 준 상처가 없을까. 내게는 반창고 한 장이면 치유될 일이 상대방은 평생의 한이 될 수도 있다. 생각만 해도 아찔하다.

오늘아침은 바람 한 점 없다. 고개를 들고 하늘을 본다. 실바람에도 몸을 맡기던 우듬지마저 숨을 죽이고 있다. 까치집에서 째액째액 소리가 난다. 그새 새끼가 나온 모양이다.

텃밭에서 배운 질서

마음먹고 부추 밭을 손질했다. 부추는 조금만 관심을 주면 병치레도 하지 않아 어려움 없이 키울 수 있다. 겨울 몇 달을 제외하고 한 해 열 번 가량이나 수확할 수 있어 텃밭노다지가 따로 없다. 산과 들에 진달래 개나리가 찾아올 때쯤이면 남편 생각에 아낙들의 손길을 바쁘게 만드는 채소이다. 초벌부추가 나오는 시기다.

부추 밭에 정성을 들이는 이유가 또 있다. 막걸리에는 부추전만한 게 없다. 흔히 파전을 들먹이지만 파는 연중 한결같은 맛을 내지 못한다. 냉한 걸 좋아하는 파는 여름 재배가 어렵다. 엄동설한을 노지에서 넘겨야만 제 노릇을 한다. 파전에 막걸리는 비 오는 날이라야 진가를 발휘한다. 부추전은 비가 오나 눈이오나 땡볕이 쏟아져도 막걸리와 찰떡궁합이다. 땡초 몇 개 썰어 넣으면 말이 필요 없는 맛을 낸다.

부추 밭에 불청객이 나타났다. 봄이 왔지만 조석으로 쌀쌀하다. 뱀 한 마리가 고랑에서 일광욕을 즐기고 있다. 해가 막 떠오른지라 아직 행동이 굼뜨다. 까치독사라고도 불리는 살무사과 뱀이다. 두자가량 되는 걸로 보아 세상구경이 처음은 아닌듯하나 아직은 어린 축에 든다. 뱀은 무자치 외에는 모두 독이 있다. 살무사 독이 지독하지만 까치독사도 조심해야 한다.

뱀이 눈에 가장 잘 띄는 시각이 있다. 체온을 높이기 위해 햇볕을 쪼이러 뱀 구멍에서 나올 때다. 장마철 잠시 햇빛에도 몸을 맡기지만, 녀석은 오랜 겨울잠 끝이라 덜 달구어진 엔진처럼 동작이 둔하다. 헛기침을 하며 인기척을 내어보지만 꼼짝을 않는다. 굶주린 길고양이라도 만나면 십중팔구 당할 수밖에 없다.

텃밭에는 먹이사슬이 줄줄이 이어진다. 뱀이 나타나면 쥐가 많다는 증거다. 단백질 섭취를 위해 뱀을 노리고 멧돼지가 찾아온다. 길고양이 덕에 쥐는 가뭄에 콩 나듯한데 두더지가 판을 친다. 씨앗이나 모종을 넣으면 온 밭을 들쑤셔 놓는다. 고양이도 땅속이 주 무대인 두더지에게는 속수무책이다. 뱀이 제격이지만 두더지 막으러 녀석들을 불러들일 수는 없다. 뱀은 아무리 친해지려해도 마음이 열리지 않는다. 밭일 할 때 언제 마주칠지 몰라 늘 머리가 쭈뼛하다.

나는 참을 수 있지만 그렇지 못한 사람이 있다. 텃밭 단짝인 아내는 지렁이만 보아도 질겁하며 서너 걸음을 내달린다. 뱀을 만나면 까무러칠게 뻔하다. 부추 밭은 아내가 머무는 시간이 많은 곳이다. 머지않아 서로 맞닥뜨릴 것만 같아 걱정이다.

뱀을 두려워 않는 녀석이 있다. 텃밭에서 가장 굼뜬 두꺼비다. 초여름부터 늦가을까지 어둠이 깔리기 시작하면 엉금엉금 나타난다. 너덧 마리가 사는데 약속이라도 한 듯 번갈아 한 마리씩 나온다. 비가 적당히 내려 자신들에게 쾌적한 날씨가 되면 두세 마리가 떼를 짓기도 한다. 복을 가져다준다는 영물이라 볼 때마다 반갑다. 휴대폰을 들이대면 포즈까지 취해주지만 녀석들은 친한 척 하면서도 애써 나를 본체만체한다. 심지 깊은 저런 녀석들의 마음까지 얻을 수 있다면 얼마나 좋으련만.

두꺼비도 늘 반갑지만은 않다. 번식비밀을 생각하면 섬뜩하다. 산 아래 텃밭에는 밤낮으로 고라니가 짝을 찾느라 웩웩 울어대고, 고양이가 서로를 유혹하기 위해 교성을 내지른다. 두꺼비도 어른이 되면 후세를 생산해야 한다.

산란기가 되면 독사를 유혹한다. 유혹이라기보다 생사를 걸고 시비를 초청한다. 독사도 두꺼비를 먹으면 목숨을 잃는다는 걸 조상대대로 알고 있지만 순간의 화를 참지 못하고 결국은 집어 삼킨다. 두꺼비 독으로 독사도 함께 죽는다. 두꺼비 뱃속의 알은 어미와 독사를 자양분삼아 건강한 새끼로 태어난다.

아무나 흉내 내지 못할 생존방식이다. 두꺼비는 반드시 독사에게 잡아먹혀 자신의 몸을 희생해야 대를 이을 수 있다. 자연

속 생물체 대부분은 이득을 서로 주고받는다. 독사가 얻는 게 무엇인지 궁금하다. 단 한 번의 포만감은 아닐 게다.

의협심 강한 친구의 무용담이다. 텃밭에서 독사가 두꺼비를 몸으로 돌돌 말아 붙이고 막 삼키려는 장면을 목격하고 가슴이 쿵쾅거렸다. 독사를 그냥 보내줄 생각이 없어 기어코 피를 보았다. 약자의 목숨을 구해주었다고 의기양양하다. 두꺼비의 일생일대 가장 중요한 후손 생산을 방해한, 자신이 저지른 만행을 모른다.

두꺼비 한 마리가 수모를 당하고 있다. 새끼고양이 두 마리가 협공 중이다. 마늘을 빼낸 멀칭 구멍을 살려 참깨씨앗을 넣고 수시로 물을 주었더니 촉촉한 곳을 좋아하는 두꺼비가 찾아들었다 혼이 나고 있다. 나름 초고속으로 도망가는데도 두꺼비 걸음은 어쩔 수 없나보다. 두꺼비가 봉변을 당할세라 고양이 형제를 쫓아버렸다. 독사를 찾으러 나왔다가 천방지축 새끼고양이들을 만났는지도 모른다.

독사는 내가 살기 위해서라도 잡아야한다. 초청도 하지 않은 녀석이라 갈등이 따라온다. 닭도 뱀을 좋아하지만 족제비 때문에 키울 엄두를 내지 못한다. 뱀 잡는 데는 삽에 비길 도구가 없다. 삽자루를 들고 몇 번이나 다가갔다 발걸음을 돌린다. 몇 해 전 삽으로 얼떨결에 독사 한 마리를 동강 낸 후, 자연의 질서를 깨뜨렸다는 자책에 두고두고 마음 편하지 않았던 적이 있다.

삽을 팽개치고 호미를 잡았다. 대파모종밭에 쪼그려 앉아 잡초를 뽑는데 눈길이 열댓 자 떨어져 있는 뱀에 꽂히는 바람에 자꾸 헛손질을 한다. 나는 애를 태우며 고민 중인데 녀석은 몸을 달구느라 꿈쩍도 하지 않는다. 속에 천불이 난다.

자연이 살아가는 길도 순탄하지만은 않구나. 하기야 인간들은 더하다. 서로 정의와 평화를 내세우면서 상대방 목조르기에 혈안이다. 조폭같이 덩치 큰 나라가 온순한 나라를 짓이기고 있다. 자연은 고달프지만 섭리를 거스르는 일이 없다. 자연의 순리도 모르는 인간세상이 어디로 흘러갈지 걱정이다.

멀리 떨어져 있는 고추밭에 물을 주러 간다. 녀석이 제발 햇살을 듬뿍 받고 사라져 주기를 바라는 마음뿐이다. 두꺼비한테는 못 본 것으로 해두자.

내일은 부추전 한 장 부쳐야겠다.

기본 야마리

어릴 때 빵을 가끔 먹었다. 고향 면소재지에는 빵집 하나 없었다. 그런 산골에서 빵을 만났으니, 그 때 나는 행복했다.

오랫동안 빵과 거리를 두고 살았다. 얼마 전 병원에 다녀온 후부터 막걸리를 줄인 대신 빵을 가끔 먹는다. 한 달에 두어 차례 아내가 사오는데 맛이 그저 그만이다. 근처에 명품 빵집이 있다는 건 또 하나의 행복이다.

맛에 비하면 저렴하다. 어제 팔다 남은 빵을 반값에 판다. 8시 30분부터 문을 여는데 8시가 넘기 무섭게 줄이 이어진다. 어제 만든 것이지만 이삼일가량 두고 먹어도 끄떡없다.

손님이 각양각색이다. 주부들이 대부분이지만, 홀애비인지 내 또래 60대 남자들도 이외로 많다. 밥 짓는 게 부담스러운 아가씨들이 찾아오는 반면, 아침을 굶는지 총각들은 가뭄에 콩 나듯하다. 우리 집 빵 조달은 주로 아내 몫인데, 내가 한 번

나섰다.

잠시 아침산행을 마치고 빵집 앞에 도착하니 5번이다. 2명씩 입장시켜 나는 3번째 그룹이다. 내 뒤에도 너덧 명이 매달려있다. 10여분 가까이 기다려 입장했는데 이미 진열대가 거의 비었다. 그래도 나는 대여섯 종류의 빵을 바구니에 담을 수 있었다. 불행 중 다행이라는 생각을 하며 진열대로 다시 한 번 눈을 돌렸더니 휑뎅그렁하다. 막대기빵 몇 개가 얼키설키 서거나 누워있고, 마지막 잎새가 땅에 떨어진 듯 띄엄띄엄 한두 개씩 남아있다. 필시 맛이 덜할 것 같은 녀석들이다.

앞에서 누군가 싹쓸이를 했다. 내가 들어올 때 양손에 빵이 가득한 봉지를 들고 끙끙거리며 공처럼 굴러나간 빵같이 빵빵한 아줌마다. 한 사람이 여러 사람의 행복을 빼앗는 순간이다. 사람이 최소한의 야마리는 있어야 한다. 산길에서 시원찮은 사내가 쉬야를 하다 딱따구리 소리만 나도 오줌줄기가 뚝 끊긴다. 양아치가 하수구 구멍에 담배꽁초를 버릴 때도 눈알을 희번덕이며 주위를 살핀다.

어릴 때 어머니는 푸성귀를 이고 도회지에 가끔 다녔다. 돌아오는 보자기에는 빵이 얼마쯤 들어있었다. 빵집 앞에 자리를 편 시골아낙들에게 빵집 주인이 어제 팔다 남은 걸 나누어준 것이다. 요즘은 이삼일을 먹지만, 그때 우리 집에 온 빵은 눈 깜짝할 사이에 사라졌다.

입에서 맴돌고 있는 빵맛이 일품이다. 어머니 빵을 생각하면 다시 침이 고인다. 빵 닮은 아줌마는 지금쯤 다 먹었는지 궁금하다.

생선 다래비

가끔 먹고 싶은 음식이 있다. 생선인데 좀 특이하다. 육지 깊숙한 데서 자라 남들과 다른 입맛을 가지고 있는 나와는 궁합이 맞다. 소금에 절인 고등어와 갈치에 맞춰진 입이 평생 변하지 않는다.

어린 시절, 어머니 다음으로 좋아하던 사람이 있었다. 생선을 파는 육손아지매다. 우리 집에서 십여 리 떨어진 곳에 사는 분인데, 매주 한두 번 생선을 머리에 이고 마을에 들렀다. 매일아침 기차타고 대도시까지 가서 생선을 떼어와 고을 전체를 대상으로 장사를 했다. 육손이란 말이 궁금하던 차에 어머니와 두 분이 만날 때 가까이 볼 기회가 있었다. 오른손인지 왼손인지 기억이 희미하지만, 아지매는 엄지손가락 옆에 새끼손가락보다 빈약한 손가락 한 개를 더 달고 있었다.

바다를 한 번도 본 적 없던 시절이다. 여름방학책 표지 바다그

림을 보는 게 고작이었다. 객지에서 돌아온 마을 형들을 통해 전해들은 이야기도 실감이 나지 않아 늘 바다는 동경의 대상이었다. 육손아지매 고기상자는 고등어와 갈치가 주인이었다. 개울에서 잡은 민물고기는 바로 조리거나 매운탕을 끓였다. 바다고기는 모두 염장을 해서 먹는 줄 알았다.

나는 입이 짧았다. 고기반찬이 없으면 밥투정을 했다. 소고기나 돼지고기는 기껏해야 한 해 손가락을 꼽을 정도로 먹으니 투정한다고 나올 리 없다. 닭고기도 귀하긴 마찬가지였다. 부모님이 집을 비운 사이 동생과 씨암탉 한 마리를 잡으려다 혼비백산한 일도 있다. 동생이 몸통을 끌어안고 내가 대가리를 잡아당기며 식칼로 목을 내리쳤는데 빗나갔다. 온 마당을 돌아다니며 피를 뿌리던 녀석은 들일 나갔던 어머니가 돌아오고서야 영면에 들어갔다.

밥투정은 습관이 되었다. 시골아이들 상당수가 영양부족으로 얼굴에 마른버짐을 달고 다니던 시절이었다. 고기를 밝히지 않는 아이가 있으랴마는 지금 생각해도 나는 중증이었다. 생선은 밥투정 투쟁으로 더러 얻을 수 있었다. 수시로 들리는 육손아지매가 희망을 심어주었다.

아지매는 어머니를 형님이라 불렀다. 학교에 다녀오니 두 사람이 대청마루에서 얘기를 나누고 있다. 삼베를 덮고 있는 고기상자는 한 발짝 건너 작은 마루에 놓여있다. 생선이 보이지는 않지만 파리 몇 마리가 주위를 날고, 강아지가 촉촉이 젖은 눈동자를 굴리며 마루 밑에 엎드려 있는 걸 보니 생선이 남아있는 게 분명하다. 어머니와 눈 맞추기가 겸연쩍어 건성으로 인사를 날리고 방으로 들어갔다.

책보자기를 팽개치고 바깥 동정을 살폈다. 두 사람의 대화에 귀를 맞추기도 전에 아지매가 일어서고 있다. "형님, 다음에 봅시다." 가슴이 철렁한다. 오늘 어머니는 생선을 사지 않았다. "학교 다녀왔습니다." 고할 때 어머니 얼굴을 얼핏 훔쳐보았다. 나도 서운했지만 생선을 사지 못한 어머니 마음은 더 아팠으리라.

육손아지매 덕에 행복했던 시절이었다. 마을 아낙들 모두가 형님 아니면 동생이었다. 길에서 아이들을 만나면 꼭 '누구 집 거시기 아니냐.'며 아는 체를 하고 칭찬 한 마디를 건넸다. 남다른 부지런함과 따뜻한 정이 여섯 번째 손가락에서 나오는 줄로만 알았다. 아지매가 없었다면 염장생선인들 구경이나 했을까.

가을걷이가 끝나면 갈치구이가 한두 번쯤 나왔다. 봄에 볍씨를 뿌리고 여름 뙤약볕아래 땀 흘려 얻은 열매를 수확하는 자축의 의미였다. 자작자작한 찌개로 나오면 꿀맛이지만, 배가 내지르는 꼬르륵 소리를 잠재우지 못했다. 무와 대파 썰어 넣고 국물을 풍성히 잡은 갈치국으로 변신하면 우리가족의 배를 더 많이 불려주었다. 갈치를 구이로 먹는 날은 명절이나 진배없었다.

생선을 사고 즉석에서 현금을 건네는 일은 드물다. 몇 차례 모아놓았다가 갚는다. 우리 집뿐만 아니라 대부분이 그랬다. 외상

생선이어야 더 오묘한 맛을 내는듯했다. 무엇보다 신기한 건 현물상환이었다. 보릿고개 끝에는 수확한 보리로 갚는다. 가을추수 후에는 쌀로 대신한다. 생선이 들어있던 고기상자에 보리나 쌀을 가득이고도 사뿐사뿐 걷는 아지매는 슈퍼우먼이었다.

어머니가 나에게 붙여준 별명이 있다. 어머니와 단둘이만 알고 지냈던 '생선 다래비'는 이제 나만의 비밀이다. 밥알을 세다 생선비린내라도 나면 허겁지겁 아귀가 되니 어머니가 그렇게 불렀다. 별명을 부를 때 장난기 섞인 어머니의 웃음 속에는 슬픈 기색이 비치곤 했다. 다래비는 깍쟁이와는 비슷하면서 다르다. 무슨 이유로 잔뜩 토라져 있다가 그게 해소되면 바로 해죽해죽하는 걸 이르는 말이다.

아내가 생선 다래비를 유혹하고 있다. 부엌에서 치지직 소리와 함께 고소한 냄새가 흘러나온다. 비싸게 주고 샀다는 국산 생갈치다. 꿀맛이라고 또 거짓말을 해야 하나. 그 시절 육손아지매 생선 맛에 비하면 한참 떨어진다.

다래비 타령을 하던 시절이 짠하다. 어머니 입에 생선이 들어가는 걸 본 적이 없다. 하늘나라에서도 두 분이 만나는지 궁금하다.

'어머니, 갈치 몇 마리 사서 한 번 구우시지요.'

'다래비 걱정은 말고 많이 드세요.'

어머니 얼굴과 육손아지매의 여섯 번째 손가락이 눈에 삼삼하다.

불만의 씨앗 과민

아내가 바람처럼 사라졌다. 집에 갈 준비를 하느라 농막을 드나들며 짐을 자동차에 싣고 있는 중이다. 둘이 손을 맞추어 마무리해야할 시간이다.

늦가을 텃밭이라 짐이 단순하다. 재활용품 수거봉투와 빨랫감은 기본이고, 겨울초와 봄동에다 대파 몇 뿌리가 전부다. 농막과 창고 조명등 소등여부를 살피고 전열기 코드는 분리했는지 확인해야 한다. 마지막으로 농막 앞문을 안쪽에서 걸고 뒷문을 잠그고 나오면 내 임무는 끝난다.

방금 해가 넘어갔다. 떠들썩하던 들판이 쥐죽은 듯 조용하다. 우리가 떠나고 나면 들판은 하루 일과를 마치고 내일 아침까지는 휴식에 들어간다. 해 지고 갈 길이 먼데 갑자기 아내가 보이지 않으니 순간 욱해진다. 발동한 성깔을 애써 가라앉힌다. 이때 길게 한 번 내뱉는 호흡은 습관이 되었다.

막간을 이용해 농막주변을 다시 한 번 점검한다. 오늘 집에 가면 며칠 후에야 온다. 마지막 정리가 제대로 되지 않아 서로 네 탓이라고 우긴 적이 몇 차례 있다. 휴대폰이나 지갑처럼 개인 용품을 챙기지 않은 건 상대를 탓하기에 양심이 찔린다. 냉장고에 넣어야할 음식을 그냥 두었다거나 조명등을 끄지 않았다면 서로 밀당을 하기도 한다.

나는 밴댕이기질이 있다. 아내는 밴댕이보다 종지기라는 단어를 좋아한다. 밴댕이든 종지기든 나는 상관 않는다. 조선남자치고 그런 기질이 없으면 정상이 아니다. 희로애락을 얼굴에 담는 일이 없는 남자가 오히려 위선자이다. 광수생각인지는 모르겠다. 그래도 아내가 나를 평가절하 하는 것 같아 서운하다. 내가 속이 너르진 않지만 배배 꼬여 못을 삼키면 나사못이 나올 정도는 아니다.

밴댕이는 잘 토라진다. 성질이 나면 말을 하지 않는다. 누구보다 만만한 아내에게는 더 그렇다. 앞으로 삼십분이나 한 시간으로 정해두고 묵언을 하던 시절도 있었지만 요즘은 자제하고 있다. 번번이 먼저 손을 들면서도 쉽게 고쳐지지 않는다. 지금도 큰 소리로 두어 번 부르면 해결될 일이지만 밴댕이기질이 또 발동한다. 호흡을 다시 한 번 길게 고른다.

잠시 후 나타난 아내가 숨을 몰아쉰다. 얼굴까지 상기돼 있다. '순실이'를 혼내주고 왔단다. 순실이는 텃밭 고양이 대장이다.

흰둥이 대장 '나비'로부터 빼앗은 정권을 삼사 년째 누리고 있는 녀석이다. 까만 망토를 둘러쓴 녀석이 대장이 된 후로 들판이 온통 까맣게 물들었다. 새끼가 태어났다하면 모두 까만 옷을 걸쳤다.

인간세상과는 다르다. 순실이는 독불장군이었다. 코언저리에 점이 있는 몬로와, 얼굴에 점 두 개가 있는 두점이는 그간 새끼를 너덧 배는 낳았다. 뒷목덜미에 점 하나 목점이와, 한 쪽 눈을 다쳐 핏발이 맺힌 싸움쟁이도 서너 배는 된다. 숫자가 늘어남에 따라 사료와 통조림 공급에 아내 마음이 편하지 않던 터였다.

그 와중에 아내가 폭발을 했다. 순실이가 또 암놈을 건드리고 있다. 마당구석에서 한 몸이 된 두 녀석을 발견하고 땅을 구르며 고함을 질렀다. 두렁을 두 개나 넘어 달아나는 녀석들을 따라가 삿대질을 해대자 배 밭으로 달아난다. 잠시 안도의 숨을 쉬는 녀석들을 아내가 눈에 불을 켜고 쫓아가서 훼방을 놓자 이번에는 이웃집 밭으로 줄행랑을 친다. 이웃 밭은 철조망 울타리라 더 이상 쫓을 수가 없다. 아내 무용담의 요지다.

좀처럼 아내의 흥분이 가라앉지 않는다. 자신이 추격한 장소 여기저기를 손으로 가리키며 그때그때의 상황을 설명한다. 전장에서 사단장이 지휘봉을 긴박하게 휘두르는 모습이 아른거린다. 전사 기질이 다분히 보인다. 이마를 훔치는 데 지는 해가 배경이라 땀을 닦는지 흘러내린 머리카락을 들어 올리는 건지 알 수 없다. 자신이 방금 불의에 맞섰다는 흡족한 표정이 역력하다. 졸지에 천국에서 나락으로 떨어진 녀석들이 씩씩거리는 아내를 숨어서 지켜보고 있지는 않을까 내 얼굴이 화끈거린다.

아내가 무슨 불만이 있는 것 같다. 평소 보지 못하던 과민반응이다. 박력이 넘쳐나는 산골짝 딱따구리를 불러들여 시들시들한 우리 집 딱따구리를 비꼬는 건지도 모를 일이다. 그렇다고 순실이는 나와 다르다고 아내에게 똑 부러지게 설명하기도 곤란하다. 나의 해명이 아내에게는 변명으로 들릴 위험이 있다.

오늘은 아내가 좀 과민반응을 보인다. 차창 밖으로 고양이 두 마리가 눈에 들어온다. 돌아오는 길 내내 생각이 혼란스럽다.

걸레 일생

오래도록 살아계신 할머니가 이상하게 보였다. 초등학교에 들어가기 전이다. 고려장 이야기를 자주 듣던 시절이었다. 짐 거리가 없어 무료하게 헛간에 누워있는 지게와 무언가 고민에 빠진 것 같은 아버지를 번갈아 바라보며 할머니를 걱정했다. 할머니 옛날이야기 레퍼토리에서 고려장 이야기가 빠지면서부터는 더했다.

헷갈린다. 빨래함 옆에 놓인 빨랫감 하나가 타월인지 걸레인지 쉬이 구분이 되지 않는다. 이리 보니 빨래고 저리 보니 걸레다. 꼬질꼬질한 얼룩 천지에다 마음대로 일그러진 얼굴에 글귀가 보인다. 주름살을 펴보니 '가져가지 마시오. ○○목욕탕'이다. 이 녀석이 왜 우리 집에 와 있는지 궁금하지만, 빨랜지 걸렌지 헷갈릴 정도로 오래된 일이라 새삼 따져볼 필요까지야 없겠다. 개인용품을 담는 목욕바구니에 그냥 따라왔을 수도 있다.

눈을 한 번 비비고 나니 걸레가 맞다. 타월로 태어나 할 일 다 하고 걸레로 내려앉은 게 틀림없다. 머지않아 다시 한 번 신분을 낮추며 영원히 사라질 게 뻔하다. 한 사람의 운명을 보는 것 같다. 자신의 의지와 상관없이 세상에 태어나 어느 순간 빛을 발하다가 결국은 사라지는 게 닮았다. 걸레에게 말을 건넨다. '너무 서운해 하지마라, 타월은 언젠가 걸레가 된다.'

아침저녁 세면 후 버릇 하나가 생겼다. 벽면에 걸려있는 타월을 얼굴로 가져가기 전에 내력을 한 번 살핀다. '○○초등학교 동창회 기념' 사십대를 바라보던 삼십여 년 전이다. 타월이 오른손 왼손을 번갈아 옮겨 다니며 얼굴과 목덜미를 몇 차례 타고내리는 동안 필름이 돌아간다. 초등학교 시절 책 보따리가 허리춤에 매달려 달랑거리더니, 동창회에서 반갑게 만나 환하게 웃는 친구 얼굴이 떠오른다. 마지막은 반백의 노인 모습이 화면을 채운다.

왕년에는 기념타월이 흔했다. 타월은 내 돈 주고 산다는 생각을 하지 않던 때다. 기념품 종류는 부지기수였다. 칫솔치약과 세숫비누가 타월다음 흔했고 샴푸와 화장품뿐만 아니라 손톱깎이 세트와 주머니용 손전등도 있었다. 비교적 고가품인 우산은 귀한 대접을 받았다. 그중 오랫동안 남아 옛일을 회상시켜주는 기념품은 단연 타월이다.

오늘아침 타월은 '춘계체육대회 기념' 문구를 달고 있다. 아지랑이 피는 봄날, 그날은 운동장이 소란스러웠다. 낮술에 취해 선배들에게 행패를 부리던 신입사원 K군은 지금 본사에서 이사직을 감당하고 있다. '경영성과 최우수사업소 달성기념' 타월을 받은 해는 보너스를 두둑이 받았지만 지금은 그 돈이 온데간데없다.

'야유회 기념'은 아직도 기억에 생생하다. 십팔번 '울고 넘는 박달재' 대가로 받았던 커피포트는 꽤 값비싼 것이었던지 우리 집 부엌을 오랫동안 지켰다. '누구 아들 돌잔치 기념'의 주인공은 의사가 되어 서울에서 내로라하는 병원에 근무하며 효도를 하고 있다고, 그 누구인 후배가 은근히 자랑한다.

안타까운 사연도 있다. '아무개 은사님 칠순기념' 타월 속 은사님은 칠순잔치 후 두해를 채 넘기지 못하고 세상을 떠나 우리를 슬프게 했다. 일찌감치 회사생활을 접고 개인사업을 시작하며 기념타월을 돌린 친구는 한 번도 성공담이 들려오지 않았을 뿐더러 지금은 연락마저 두절되었다.

필름이 끊긴 타월도 더러 있다. 문구를 보면 나와의 인연으로 우리 집에 온 건 분명한데 아무리 용을 써도 필름이 돌아가지 않는다. 오랫동안 남을 인연이 없을 수도 있겠지만 녹슨 영사기 탓도 부인할 수 없다.

요즘은 기념타월이 귀하다. 세월 속에 풍속도 바뀌었지만 나는 이미 그 세월마저 비껴나 가장자리에 서있다. 가끔 지난 시절이 그리워진다. 매일매일 기념타월 문구를 되새기며 하루만치 늙어간다. 지금은 간간히 동창회나 송년회 기념타월이 손에 들어온다. 살아있음을 확인할 수 있어 위안이 되었는데 그나마 코로나19로 뜸해졌다.

기념타월은 내 기억장치에 기름칠도 해준다. 무료한 시간에 휴대폰 전화번호를 들춰보니 안면 없는 이름이 수두룩하다. 기억 속 이름들이 낙엽처럼 한 잎 두 잎 떨어져나간다. 쪼그라지는 용량 탓만 할 게 아니라 기념타월처럼 자주 기억을 불러내어야겠다.

비슷한 사연은 또 있다. 상가에서 만난 사람이 인사를 하고 결혼식장에서 반갑게 손을 내미는데도 도무지 화면이 열리지 않는다. 얼굴윤곽은 실루엣처럼 남아있지만 이름은 물론 성씨조차 떠오르지 않는다. 기억이 희미하니 선명한 대화를 나눌 수가 없다.

길을 가다 누군가 아는 체를 하는데도 마찬가지다. 분명 오랜만이지만 긴 시간이 필요 없다. 탁 털어놓고 상대의 신상을 물어보기도 쉽지 않지만 그러지 못한 게 금방 후회가 된다. 뒷눈으로 돌아보니 그 사람도 힐끗 쳐다보며 머리를 갸우뚱한다. 저이도 나와 다를 게 없구나. 모두가 타월을 지나 걸레의 길을 열심히 걷고 있다는 생각에 이르자 가슴이 저민다.

걸레가 된 타월을 집어 들었다. 이미 세탁기에 들어갈 처지가 되지 못한다. 빨래들이 내둘릴 게 뻔하다. 세면장 바닥에 눕혀놓고 비누칠로 몸을 씻겨주었다. 양손으로 비틀어 물기를 바싹 뺀 다음 툴툴 털어주니 생기가 돈다. 반듯이 펴서 거울에 비춰보니 아직 멀쩡하다.

녀석에게 베란다 빨랫줄을 독방으로 내주었다. 오늘따라 따가운 햇살을 품고 창틀을 넘어오는 바람이 왠지 봄바람 같다. 녀석의 얼굴주름이 펴지고 땟물이 날아가면서 몰라보게 훤해진다.

지금 나는 걸레의 길을 걷고 있다. 내가 그때 할머니 나이다. 아들이 자동차로 단둘이 여행을 가자면 따라나서야 하나. 자위도 해본다. 평생을 깨끗한 타월로만 남으려면 태어날 이유가 없다. 타월이 걸레 흉을 보아도 안 되고 걸레가 타월을 부러워할 필요는 더더욱 없다. 열심히 살아온 자가 만신창이가 된다.

걸레에게 이른다. 아직 할 일이 얼마든지 남아있다. 고려장 걱정은 접어두고, 기죽지 마라.

오시게 가지 마시게

광복절이 일요일이라 월요일이 공휴일이다. 월급쟁이들은 광복의 기쁨을 곱으로 맛보겠다. 사흘 연휴 끝 오늘이 오시게 장날이다. 2 7장이다. 아침부터 비가 내려 장마당 걱정을 하며 휴대폰을 열어본다. 오후에는 갠단다.

나는 예전부터 오일장을 좋아했다. 장날아침 집을 나서는 어머니와 돌아올 때 모습이 실루엣처럼 겹쳐진다. 운동회 때 굴리는 큰 공만한 보따리를 이고 가셨다가 바람이 다 빠진 공을 돌돌 말아 손에 들고 오곤 했다. 절인 생선이나 왕사탕 몇 알이 더러 들어있었다. 바람이 덜 빠진 공을 들고 오는 날은 그 안에 들어있는 시든 채소다발처럼 집안 분위기가 침울했다.

아버지도 장돌뱅이였다. 돈을 사러가는 어머니와는 좀 색이 다른 장돌뱅이였다. 장날 면소재지 나들이는 하루도 빠지지 않고 그 때마다 막걸리 흥을 달고 왔다. 장터사람들은 하나같이 사람냄새가 나고 고향사람처럼 낯이 익다. 오일장은 고향친구나 다름없다. 나도 장돌뱅이 기질을 타고 났다.

잠시 망설이다가 우산을 들고 집을 나섰다. 금정산 꼭대기부터 훤해지는 걸 보니 하늘에는 더 이상 뿌릴 물이 없는 모양이다. 멀리서 보는 오시게 장은 각양각색의 천막으로 덮여있어 평소와 다름없더니 발을 들여놓고 보니 썰렁하다. 곳곳에 이빨이 빠져 휑하다. 채소모종과 씨앗을 파는 가게도 비었고, 고만고만하게 자리 잡고 있던 점포들이 많이 사라졌다.

장터 빈 점포는 바로 자연으로 돌아간다. 여름철에는 더욱 실감이 난다. 장마철을 보내고 땡볕을 받으면 금방 풀이 수북해진다. 아침부터 내린 비로 오늘 문을 열지 않은 점포도 있지만 대부분 빈 점포는 밀림이 된지 오래다. 구름도 울고 넘는 저 산 아래 기름진 문전옥답이 잡초에 묻혀있는 모습이다.

"뻐어엉" 뻥 소리도 예전 같지 않다. 김이 빠졌다. 평소에는 깡통이 끝없이 줄을 섰다. 기다리는 깡통보다 사람 수가 훨씬 많았다. 연방 호루라기가 울리며 "뻥" 소리가 터졌다. 오늘은 깡통 너덧 개가 차례를 기다린다.

도로변 분위기도 확 바뀌었다. 꽃집이 사라지고 아울렛 거리로 바뀌고 나서부터다. 할머니들 난전이 줄을 잇던 인도에는 보도블록이 새로 깔리고 출입금지 빨강노랑 띠가 둘러져 있다. 장돌뱅이를 천직 삼던 할머니들이 모두 어디로 갔을까. 어느 가게

앞에 할머니 서너 분이 옹기종기 자리 잡고 있다. 기꺼이 자리를 내준 가게주인도 나처럼 장돌뱅이 부모님을 두었던 모양이다. 가축매장도 풀이 죽었다. 닭과 오리가 주인공이고 강아지와 고양이가 조연인 작은 동물원이었다. 거기에다 거위와 오골계, 토끼까지 등장하면 더욱 생기가 돌았다. 아이들은 눈을 반짝이며 호기심을 가지고, 어떤 이들은 눈살을 찌푸리기도 한 곳인데 이제 추억의 장소가 되었다. 현장 도축불가 명령이 내린 모양이다. 상인들이 커다란 아이스박스를 앞에 두고 망연자실해 있다. 동물원이 문을 닫았으니 사람들 발길도 끊겼다.

이웃 먹거리 가게도 한산하기는 마찬가지다. 양파와 감자를 듬뿍 썰어 넣은 돼지껍데기 요리와 시커먼 바위 몇 덩이가 붉은 바다에 빠져있는 선짓국이 일품인 장터 먹거리 골목이다. 해가 저물 때쯤이면 고당봉이나 계명봉은 물론이고 영남알프스를 다녀온 산꾼들이 꾸역꾸역 밀려들어 붐비던 곳이다. 코로나가 사라지고 사라진 등산객이 돌아와야 생기도 돌아올 것 같다. 가게마다 솟아있는 붉은 산이 안타깝게 보인다. 왕년 같으면 이미 바닥을 드러낼 시간인데도 원형 그대로다.

다행인 곳도 있다. 오전까지 비가 내렸는데도 수수부꾸미는 인기다. 마침 늦은 점심시간이라서 목욕탕용 의자가 노는 게 없다. 사각무쇠 프라이팬은 한 번에 여섯 장을 굽는다. 그렇다고 여섯 장이 함께 나오는 건 아니다. 반죽이 두 장분씩 들어가고 밀어내기 식으로 두 장씩 나오는 선입선출방식이다. 양손에 비닐봉지를 가득 든 노부부가 손님숫자를 머리로 끄덕끄덕 헤아리다가 아쉬운 듯 돌아선다.

정겨운 장면이 눈에 잡힌다. 할머니 한 분이 연신 손자 입에 수수부꾸미를 밀어 넣고 있다. 부꾸미를 피자 먹듯 잘도 받아먹는 아이가 평생 넘어져 다치는 일 없이 건강하게 살리라 확신한다. 할머니 말씀 잘 듣는 참한 아이의 안녕을 빌어주었다. 요즘 며느리들이 아이에게 수수떡을 해먹이지 않으니 할머니가 나선 모양이다.

늘 활력이 넘치는 곳도 있다. 민물고기 가게다. 장터에서 천막 없이 하늘에 구멍이 그대로 뚫린 유일한 곳이다. 주인공 물고기들은 궂은 날씨 덕을 톡톡히 본다. 금빛으로 휘장을 한 붕어와 잉어는 고개 넘어 금샘에 산다는 금어의 후손인지도 모르겠다. 힘이 넘쳐나는 메기는 연신 우리를 탈출했다가 도로 잡혀 들어간다. 미꾸라지 무리도 운동회를 하는지 잠시도 가만히 있지 못한다. 우리 한 개를 독차지한 민물장어 한 마리는 외로움에 지친 듯 겨우 아가미만 벌름거린다. 이무기만한 가물치 두 마리도 무슨 불만이 있는지 주둥이만 씰룩이며 미동도 하지 않는다.

오시게는 운명이 참 얄궂다. 온천장에서 시작해 구서동을 거쳐 지금이다. 상설시장이 속속 들어서면서 오일장이 도심에 있어야 할 필요가 없다는 시책에 따른 것이었단다. 평온한 시장이 또 바람 앞에 등불처럼 흔들릴까 걱정이다. 아직까지는 주변 그린벨트가 보호막이 되어준다. 언젠가는 더 외진 곳으로 쫓겨나거나 아예 발붙일 땅이 없어 영영 사라질 지도 모른다.

오시게에 가면 어제와 내일이 버무려진다. 시장이 걸어온 길이 지금 내가 걷는 길 같다. 코로나로 혼자 있는 시간이 길어지면서 오시게는 마음만 먹으면 닷새 만에 만날 수 있는 친구다. 내가 살아있는 동안이라도 오시게가 가시지 않기를 기도한다.

막걸리와 돼지껍데기 한 쟁반을 시켰다. 잔 두 개를 주문했다. 아줌마가 서비스 선지국물 그릇에 숟가락 두 개를 담아준다. 두 손을 받쳐 친구 잔부터 채운다.

'오시게, 우린 친구야. 부디 먼저 가지 마시게.'

하얀 밤에 까만 생각

박노욱 두번째 수필집

제5부

박노욱 두번째 수필집

바탕

고추의 내력을 살펴봤다. 임진왜란 때 들어왔다는 설이 있고 교과서에도 그리 실렸다. 대부분 그렇게 알고 있다. 하지만 반론도 만만치 않아 옳고 그름을 가리기가 쉽지 않다. 왜인들이 조선 사람을 욕보이기 위해 퍼뜨린 고추가 오히려 조선인을 건강하게 만들었다는 속설도 있다. 출신을 두고 고추만치 왈가왈부하는 채소는 없다. 고추만치 우리 가까이 있는 채소도 없다.

고추농사 십여 년에 나름 노하우가 생겼다. 오늘도 텃밭에는 고추가 새록새록 익어가고 서리가 내린 듯 연달아 새하얀 꽃을 피우고 있다. 요즘은 풋고추를 먹고 싶어도 참아야하는 시기다. 붉은 고추를 얻기 위해서다. 고추잠자리가 떼 지어 날면 고추는 맥을 못 춘다. 백로까지 맺힌 고추는 붉어진다니 아직 갈 길이 남았다.

재미도 짭짤하다. 작년에도 백여 포기에 고춧가루 삼십 근을 했으니 초보는 면했다. 올해도 평년수준을 향해 순조롭게 달리고 있다. 하지만 내가 터득한 노하우는 고추농사 기술 중 빙산의 일각이었다.

땅가림은 중요하다. 대부분 작물이 그러하지만 고추는 더하다. 텃밭은 두 쪼가리로 되어 있다. 고추농사가 끝난 밭에 마늘과 양파를 심은 후 봄을 기다린다. 지난해 마늘과 양파밭에는 곧 무씨를 뿌리고 배추모종을 내야한다. 무와 배추밭은 내년에는 고추가 차지한다. 쪼가리별로 농작물 재배 사이클을 따르다보니 자연스레 고추밭은 해마다 이사를 해야 한다. 저절로 땅가림이 되니 다행이다.

세심한 준비는 따로 있다. 이랑 만들기 전 땅을 깊게 가는 게 첫 번째다. 두둑 면적이 줄어들더라도 고랑을 충분히 확보하는 것도 중요하다. 그래야만 농부도 편하고 고추도 마음껏 햇볕을 쪼이고 바람을 받을 수 있어 건강해진다. 두둑이 좁고 고랑이 상대적으로 넓을수록 수확량이 많다는 것도 경험에서 얻었다.

땅심을 높여주는 것도 중요하다. 한 달 전에 퇴비를 하고 복합비료는 보름 전에 준다. 토양살충제는 이삼일 전에 뿌린다. 탄저병은 하루아침에 고추밭을 초토화 시키고, 총체벌레는 고추에 구멍을 뚫어 끝내 하얗게 말려 죽인다. 진딧물은 끈적이는 배설물로 영역을 넓혀가며 나무를 고사시키고, 지독한 냄새를 풍기는 노린재도 고추의 진액을 빨아먹어 성가시기가 이루 말할 수 없다.

초반에 몇 차례 실패를 했다. 가지가 부러지도록 튼실하게 달린 고추가 다음 주쯤에는 빨갛게 익을 게 틀림없어 보였다. 포대를 서너 개나 챙겨 다시 찾은 밭에서 아연실색하지 않을 수 없었다. 불과 며칠 만에 탄저병이 덮쳐 밭이 폐허가 되어 있다. 무농약 무비료 농사가 가능하다고 믿었던 때였다.

그게 끝이 아니었다. 마을 할머니 인사를 그냥 흘려들은 것도 화근이었다. 고추모종을 낼 때쯤에는 마을사람들이 평소보다 분주하다. 텃밭 가는 길에 만난 할머니와 인사를 주고받았다. "어르신 건강하시지요." "요소 했능기요." "아, 예" 나중에 보니 할머니의 사투리 발음도 또렷하지 않았지만, 그보다 내 귀가 더 소홀했다. 말귀를 알아듣지도 못하고 그냥 인사치레 인사거늘 여겼다.

많이 들어본 말 같다. 예전 혼사 때 자주 등장하던 말과 운율이 닮았다. "신랑 대학 했능기요." 2절도 있었다. "신부가 대학까지 했다더라." 고졸신랑에 대졸신부는 온 동네 난리를 치르고 전설이 되었다. '했능기요', '~기요'는 경상도 어르신들 말투다.

모종을 내면 끝인 줄 알았다. 모종을 하고 열흘 정도 지나면 사름을 한다. 이때 중요한 게 추비다. 요소다. 사름 후에 요소비료를 주는 게 고추농사에서는 중요한 대목이다. 요소는 덩치를 키운다. 꽃을 피우고 열매를 다는 것은 다음 문제다. 키를 높이고 사통팔달 가지를 뻗치는 게 우선이다. 돌이켜보니 그 말이 맞다. 시작부터 체격이 작았던 나무는 끝내 다른 나무만치 자라지 못했고, 고추를 몇 개밖에 달지 못하고 일생을 마무리했다.

'요소 핸능기요', 모종을 하고 이제 사름을 했으니 요소비료를 주어야 한다. 행여 요소비료 주는 것을 까먹지 않았는지 일깨워 주는, 고추철이면 골목길이나 논두렁에서 만나는 마을사람들끼리 주고받는 인사말이다. 유기농 흉내를 내며 비료는 인류의 적쯤으로 여겼다. 비료 3요소인 질소 인산 칼리를 골고루 머금고 흑과 백이 적절하게 섞인 복합비료는 가끔 쳐다보기는 했다. 질소질만 가득 품고 설탕보다 하얀 색깔을 한 요소는 애써 외면하던 터였다. 백색 공포증이었다. 그런 요소비료를 할머니가 권할 줄은 꿈에도 몰랐다.

'요소 핸능기요'와 '대학 핸능기요'는 맥이 같다. 다 같이 바탕이 중요하다는 말이다. 지금도 별반 다를 바 없지만, 대학을 하고 기본이 튼튼한 사람이 평생을 살면서 수확물이 많던 시대가 길었다. 반면 개천에서 용도 났다. 열악한 바탕에 얽매이지 않고 원대한 꿈을 품고 날개를 훨훨 펼친 덕분이다. 개천용은 이 땅의 민초들에게 희망과 용기를 주었다. 하얀 가루, 요소를 쉽게 받아먹느냐 어렵사리 찾아먹느냐가 관건이었다.

요소를 알고도 무농약 꿈은 오래 갔다. 몇 차례 실패한 후에야 꿈을 깼다. 아들집에 챙겨주는 고추도 가끔 농약세례를 받으며 자란 녀석들이다. 세상 모든 채소가 농약을 먹지 않고 살 수 있어도 고추는 아니다. 무농약 고추는 수확량 감소가 아니다. 바로 폐농이다.

텃밭이웃을 만났다. "고추 많이 땄습니까."에 "평년작은 된다."고 응수했다. 갓 오십대에 접어든 주변에서 가장 젊은 농부다. 나도 할머니를 만나면 인사를 드려야겠다. '고추 많이 땄습니까.' 아니 '많이 했능기요'로 해야지. '기요에서 니까까지' 어르신과 젊은 세대 간 말투가 많이 바뀌었다. 하지만 세월이 흘러도 분분한 고추 전래설과 하얀 꽃에 빨간 열매 고추는 그대로다.

휴대폰을 연다. '농사 정보', 나름 노하우가 있을 때마다 쌓아두는 나만의 곳간이다. '고추모종 열흘 후 요소 주기'라고 메모한다.

카운트다운

갑작스레 어둠이 밀려온다. 세상 종말이 가까워오는 듯하다. 집을 나설 때부터 뒤가 좀 묵직했지만 설마 했다. 버스를 타자마자 아랫배에 진통이 오더니 금방 폭발 직전까지 다다른다. 진땀이 흐르기 시작하다가 두어 정류소를 더 가니 그마저 말라버린다. 살아야겠다는 생각에 이어 어젯밤 과음한 후회까지 엄습해 뒤죽박죽이다.

이기대에서 걷기대회가 있는 날이다. 남산동에서 131번 시내버스를 타면 빙빙 돌아 시간은 좀 걸리지만 바로 갈 수 있다. 버스와 지하철을 번갈아 바꾸어 탈 수 있지만, 어느 조합보다 편해서 131번을 탔다.

길거리에서 만난 재앙을 해결할 수 있는 화장실이 드물다. 백화점이나 은행, 관공서가 떠오르지만 버스 안이라 금방 판단이 서지 않는다. 순간 지하철1호선 시청역이 구세주처럼 다가온다.

131번 노선과 교차하는 곳이다. 앞으로 십여 분만 견디면 된다. 한 줄기 빛이 보인다.

더 이상 엉덩이를 의자에 얹어 놓을 수가 없다. 정차하기 몇 정류소 전부터 출입구에 서서 깍지를 끼고 손잡이를 틀어잡고 있다. 무엇이라도 붙들고 다리를 비비꼬면 진통을 조금이나마 줄일 수 있다. 오늘따라 버스가 아니라 거북이를 탄 것 같다. 하마정사거리에서는 조금만 밟았으면 신호를 받지 않고 통과할 수도 있었다. 느긋하게 핸들을 잡고 있는 점잔하게 생긴 버스기사 얼굴이 바보천치처럼 보인다. 출입문이 열리자마자 내달린다. 똥줄이 빠지게 달리는데도 오리걸음이다. 오리가 쏜살같은 속도를 낸다. 오리지날, 오리도 지랄하면 날 수 있다고 하던가.

'10, 9, 8 · · · '

그 와중에 피식 웃음이 나온다.

'3, 2, 1 · · · 0'

절망이다. 화장실이 아니다. 뒤집힌 눈으로 얼핏 보니 로고가 다르다. 한 손은 배를 움켜쥐고 달래고 있고, 다른 손은 연신 뒤쪽을 들랑거리지만 손쓸 형편이 아니다. 희미해져가는 의식을 간신히 움켜쥔다. 화장실은 11자 바지 걸친 남자와 삼각형 치마 입은 여자가 따로 서있거나, 같이 있으면 두 명이어야 한다. 눈앞 로고는 세 명이다. 중간에 있는 어린아이가 양쪽에 엄마아빠로 보이는 어른의 손을 잡고 있다. 아뿔싸, 엘리베이터다.

그 이후 한참은 기억 속에 없다. 아무리 끌어내려 해도 온통 하얗다. 지나가는 사람들이 보면 분명 천국과 지옥의 갈림길을 헤매는 몰골이었으리라. 정신을 차리고 보니 화장실 변기에 앉아있다. 식은땀마저 마르고 나니 한기가 든다. 그것도 잠시, 하늘을 날 것 같은 기분에 금방 몸이 따뜻해진다.

전혀 다른 세상이다. 똥 누러 갈 때와 나올 때가 정말 천지차이구나. 겪어보니 더욱 실감이 난다. 또 한 번 피식 웃음이 나온다. 아무 일도 없었다는 듯 버스를 기다린다. 온통 노랗게 보이던 하늘이 어느새 파란색으로 바뀌어있다.

텃밭은 고양이 천국이다. 내가 밭에 도착하자마자 우르르 몰려온다. 먹이를 주기 시작한지 꽤 오래되어 길고양이도 집고양이도 아닌 어정쩡한 떼거리가 되어있다.

연병장 선착순 같다. 허겁지겁 달려오다 그물망 울타리에 머리를 들이박는 녀석, 논두렁을 넘다 다리가 꼬여 곤두박질하는 녀석도 있다. 뛰다가 섰다가 노려보기를 되풀이 하는 녀석은 아직 어려 보인다.

오호 낭패다. 결승점에 다다르고 보니 덩치 큰 대장이 선수를 치고 있다. 젖 먹은 힘을 다해 달려온 보람이 없다. 덩치가 먹이를 다 먹을 때까지 주위에 멈추어선 녀석들은 하나같이 안색이 편하지 않다. 그래도 엘리베이터 앞에 서 있는 사람보다는 꼬락서니가 낫다. 녀석들은 다른 방법이 없다는 걸 알고 차례를 기다린다. 먹이그릇이 비면 다시 채워준다. 화장실 경험과 동병상련이 아니라도, 그때 먹이를 아끼다가는 야박하다는 소리를 듣는다.

고양이는 찬 동물이다. 개와 달리 웬만해서 사람에게 몸과 마음을 내주지 않고 희로애락에 마음 기복이 심하지 않다. 그런 녀석들이 먹이 앞에서 사족을 못 쓰는 걸 보면, 사람이나 짐승이나 굶주림 앞에서는 체면이 없는 모양이다.

배를 불린 후 모습들이 가관이다. 화장실을 나서는 한 인간의 모습을 쏙 빼닮았다. 언제 그랬냐는 듯 엉덩이를 흔들어대며 저마다 왔던 길을 돌아간다. 울타리에 쳐 박혔던 녀석은 빙 돌아가고, 논두렁에 고꾸라졌던 녀석은 논두렁에게 무어라 한 번 씨부렁거리더니 자취를 감춘다. 초보는 마지막 남은 먹이를 먹고 가면서도 경계를 게을리 하지 않지만, 한껏 느긋해졌다.

짐승과 인간이 똑같다. 바쁘면 넋을 챙기지 못한다. 빼는 것도 먹는 것도 중요하다. 차이라면 한 쪽은 빼는 게 다른 한 쪽은 먹는 게 약한듯하다. 하지만 짐승보다는 나아야 사람 아니겠는가.

살아오면서 갈팡질팡 할 때가 많았다. 남들보다 과하게 설정한 목표가 아닌데도 능력부족인지 정성이 덜했던지 늘 차질이 있었다. 지금이야 다 지나간 일이라 웃어넘길 수도 있지만, 그때는 고비마다 꽤나 심각했다.

카운트다운 또 하나가 기다린다. 인생선은 종착역을 향하고 있다. 제발 급똥에 갈팡질팡하듯 말고 느긋해 보자.

문제는 에어

'수도꼭지에서 물이 나오면 아프리카인들은 눈물이 나옵니다.' 어느 학교 수돗가에서 읽은 문구다. 아프리카 유명인사가 선진국을 방문해 틀기만 하면 물이 쏟아지는 '수도꼭지'를 잔뜩 사들고 갔다는 우스개도 있다. 아프리카의 심각한 물 부족 상황을 들어 물을 낭비하지 말자는 말이다.

텃밭에는 두 가지 용도로 사용하는 물이 있다. 농업용수와 식수다. 산과 맞닿은 외딴 곳이라 상수도가 들어오지 않고 공용저수지도 따로 없어 자급자족해야한다. 불편한 점도 있지만 물이 있다는 게 어디냐. 옛날 아랫마을 사람들이 함께 사용했을 정도로 마르지 않는 샘이 있고 가재가 살고 연중 물이 끊이지 않는 계곡이 있다. 끌어오는 수고만 하면 되지만 녹록치 않다.

오십여 장 상류에 수원지가 있다. 가뭄에는 샘물만으로 부족할 때가 있어 계곡물을 같이 끌어들인다. 저수조에 모인 물이 플라스틱 파이프를 통해 내려온다. 파이프가 땅위에 노출돼 있어 바람 잘 날이 없다. 멧돼지와 고라니가 밤낮으로 걷어차고 예초기 날이 구멍을 뚫기도 한다. 파이프가 얼어터지는 겨울이 가장 난감하다. 엄동설한 허허벌판 수도파이프 수리는 해 본 사람만 고충을 안다.

손상된 파이프 연결은 물샐틈 없어야한다. 상한 부위를 쇠톱으로 말끔히 잘라내고 연결관으로 잇는다. 고무링을 최대한 파이프 끝에 끼우고 연결관 몸체에 삽입한다. 손가락 끝이 아프도록 힘을 주어야 들어가는데 공기가 드나들 틈도 없이 빡빡해야 한다. 파이프를 연결관 너무 깊숙이 넣어도 안 된다. 링을 연결관 속에 따로 먼저 넣지 않고 파이프에 끼워서 넣는 게 가장 중요하다. 부품 위치나 힘의 강도 어느 하나 어긋나도 사달이 난다. 눈곱만큼의 눈가림도 허용하지 않는다. 부드럽다는 물이 깐깐하기 그지없다.

일 년가량 물이 졸졸거린다. 수량이 차츰 줄어들다가 외면할 수 없는 지경이 되었다. 수원지에는 물이 넘치는데 싱크대 수도꼭지는 어린아이 오줌줄기다. 샤워꼭지도 수압이 약해 그냥 참고 지낸다. 농작물은 따로 설치한 저수조 덕분에 그럭저럭 목마름을 견딘다.

물이 딱 끊어지면 당장 대책을 세울 텐데 그렇지도 않았다. 하루하루 차이는 거의 느낄 수 없었는데 지나고 보니 하늘과 땅 차이가 되었다. 그간 몇 차례 점검을 했으나 솜씨부족으로 한계가 있었다. 어지간한 불편은 감수하는 미적지근한 성격도 한몫했다.

답답한 놈 샘 판다. 궁리 중에 한 가지 아이디어가 떠올랐다. 농막에 들어오기 직전 파이프가 U자형이다. 수원지 저수조에서 흘러온 물이 마지막으로 급경사 한 후 다시 솟구쳐 오르면 수도꼭지가 나온다. U자 부위에 해가 거듭할수록 미세한 흙먼지가 가라앉으면서 서서히 파이프를 막았을 것이다. 장마철이나 홍수로 계곡물이 넘칠 때 흙탕물이 섞여 나오는 점도 감안했다.

더 이상 기다릴 수 없다. 원인을 알았으니 단숨에 뿌리 뽑겠다는 평소와 다른 태도로 돌변한 나를 보고 내가 깜짝 놀란다. 수원지와 농막 사이에 있는 중간밸브를 잠근다. 점검이나 수리 때는 중간밸브를 잠그고 열기위해 왔다갔다 발품을 팔아야 한다.

먼저 파이프를 분리한다. 확신을 하니 희망이 따라온다. 분리한 파이프로 물을 흘려보낸다. 파이프를 막고 있는 흙을 씻어내기 위해서다. 그런데 이상하다. 맑은 물만 흘러나온다. 이게 원인이 아니었구나. 일 년 동안 쌓인 체증이 내려갈 거라고 기대했는데 또 실망이다. 눈을 감으니 한숨까지 나온다. 이제 어떻게 해야 하나.

순간 번갯불이 번쩍한다. 분리한 파이프를 미친 듯이 재조립하는데 손이 덜덜 떨린다. 짧은 시간에 하늘에 빌고 뒷산 산신령에게 빌었다. 희망이 보인다. 제발 지금 내가 판단한 원인이 딱 들어맞기를. 그 원인은 바로 에어가 아닐까.

농막에 들어와 수도꼭지를 잡았다. 눈을 지그시 감고 뛰는 가슴을 한 번 쓸어내린다. 왼손으로 떨리는 오른손 손목을 움켜잡고, 움켜잡힌 오른손 손가락이 힘을 합쳐 수도꼭지를 돌린다. 일초에 일 년이 흐른다.

"치지직 콰과강!" 에 이어 "쏴아~." 천둥소리와 파도소리가 화음을 이룬다. 쌓였던 한恨이 한순간에 무너져 내린다. 파이프에 에어가 차며 서서히 공간을 잠식하는 바람에 물이 흐를 공간이 줄어들면서 물줄기가 약해진 것이다. 흙을 제거하느라 파이프를 풀고 연결하고, 중간밸브를 열고 닫으려 뛰어다니며 오두방정을 떨었다. 손상부위만 열고 닫는 땜질 때와 달리 파이프를 통째로 들어내 흔들어 준 게 소발에 쥐잡기로 들어맞았다. 몇 해 동안 쌓였던 에어가 슬며시 빠져나간 것이다.

요즘은 수도꼭지만 돌리면 물이 나온다. 스위치만 올리면 들어오는 전기도 마찬가지다. 그래도 고마움은 알아야한다. 전기는 수십 수백 키로 떨어진 발전소에서 송전선로를 통해 도회지 근처 변전소로 이송한다. 변전소에서 전압을 낮추어 배전선로를 거쳐 전봇대 변압기로 보내고, 다시 한 번 전압을 낮춰 우리 집으로 들어온다. 수돗물도 진배없다.

사람도 마찬가지다. 막히면 살 수가 없다. 배가 아프면 약손으로 주무르고 청진기를 갖다 대기도 하지만, 위나 대장에까지 내시경을 집어넣고 손상부위를 샅샅이 찾아낸다.

욕심을 부려본다. 몸만 편하면 행복할까. 사람이 살아가면서 마음 때가 낄 수밖에 없다. 수도파이프 에어 뽑듯, 마음 관을 틀어막고 있는 때를 한 방에 '콰과강' 빼낼 수는 없을까.

불사조의 최후

아내가 부활절 성지순례에서 돌아왔다. 가방을 털어내는데 먹을 것이라곤 과자부스러기뿐이다. 혹시나 했는데 역시다. 내팽개쳐진 내용물 무더기 가장자리에 눈에 띄는 게 있다.

비쩍 말라 피골이 상접하다. 배가 등에 완전히 달라붙었다. 얼마나 짜냈으면 몰골이 저럴까. 짜고 짜서 더는 더 짤 게 없다. 내 눈에는 분명 그렇다. 치약이다. 나는 잘 익은 땅콩만한 크기로 치약을 칫솔에 올리는데 아내는 팥알 정도에 만족한다. 다 썼다고 버린 치약이 아내 눈에 띄면 수명이 연장된다. 보통 일주일가량인데 열흘을 넘긴 적도 있다.

이 녀석도 마찬가지다. 내 딴은 손가락 끝이 아플 정도로 힘을 주며 마지막 한 점까지 짜낸다. 껍질만 남은 걸 눈대중으로 확인한 후 쓰레기통에 쳐 박고 새 것을 내어놓는다. 새 치약을 본 아내가 라이언 일병 구하듯 쓰레기통을 뒤져 노병을 구출한다.

처음 서너 번은 고개를 갸웃거렸다. 분명 어제 저녁에 장사지낸 녀석이 밤새 요술을 부렸는지 아침이면 살아 돌아와 세면대 위에 떡 버티고 앉아 눈을 흘기고 있다. 무뎌진 기억력 탓이려니 하던 차에 아내의 간섭이 있었다는 걸 알았다. 죽음과 부활을 되풀이하던 녀석이 이번에는 아내 따라 일박이일 여행을 다녀왔다.

아내가 세 가지 이유를 댄다. 건강과 환경, 그리고 절약이다. 칫솔을 치약으로 도배하면 오히려 치아건강에 나쁘고, 치약도 세제와 같은지라 물을 오염시킨다는 주장이다. 마지막으로 꼽은 절약이 아내 마음속엔 첫 번째라는 사실을 아는 터라 짠하다.

딸애는 더하다. 엄마가 버린 치약을 다시 집어 들고 허리를 잘라 수구레 벗겨 내듯하여 사용한다. 절약시합이라도 하는듯하다. 이런 시합에는 함부로 심판으로 끼어 들다가 큰 코 다치기 십상이다. 당사자들에게 맡겨야한다. 모전여전母傳女傳을 넘어 청출어람靑出於藍이다.

아내가 여행에서 돌아온 다음 날 주정차위반 과태료 고지서가 날아왔다. 지난 주 오시게 시장 앞에서 찍힌 것이다. 수입보다 두 배나 비싼 국산땅콩 만원어치와, 겨울에도 얼어 죽지 않는다는 바늘꽃 한 포기를 칠천 원 주고 샀던 날이다. 나는 신경이 쓰이는데 정작 당사자인 아내는 과태료에 관심도 없다. 절약보다 건강과 환경을 우선한 게 맞나. 어느 쪽이든 나쁘진 않다.

여행후유증인지 피골이 더 상접해 보인다. 녀석의 초췌한 모습이 역경을 헤쳐 온 한 인생을 보는 것 같아 숙연해진다. 어쨌든 먼 길 여행까지 다녀온 녀석을 이제 놓아주자.

아내가 휴대폰 삼매경에 빠져있다. 함께 간 이십 여명이 저마다 찍어 보내온 사진을 정리하느라 여념이 없다. 죽고 살기를 몇 번이나 되풀이한 녀석을 슬그머니 쓰레기통으로 옮긴다. 구세주의 눈을 속여야지, 때 묻은 행주 한 장으로 파란만장한 몸을 덮어준다. 부디 이번에는 영면하기를….

흔적에서 찾은 공감

지난겨울 12월 중순쯤이었다. 늦은 김장에 고생을 좀 했다. 배추가 자라고 있는 텃밭이 따뜻한 남쪽 바닷가라 서두를 필요가 없다고 여유를 부렸다.

하필 추위가 첫 땜을 하는 날이었다. 계단밭에서 배추를 뽑아 옮기고 소금에 절이는 동안 짧은 해는 이미 온데간데없고 추위가 그 자리를 메꾸었다. 내일 새벽 서너 시쯤에 배추를 건져야 한다. 조금 빠르거나 늦어지면 한 해 김장 맛을 보장받기 어렵다.

한 겨울 야밤중 허허벌판이다. 동파를 막기 위해 졸졸 틀어놓았던 수도꼭지마저 얼어붙었다. 밤새 웩웩 울어대던 뒷산 고라니들도 추위에 웅크린 모양이다. 다행히 배추를 담고 있는 고무통 소금물은 얼지 않았다. 면장갑에 고무장갑을 덧끼었지만 손이 붙어있는지 떨어져나갔는지 감각이 없다.

가까스로 작업을 마쳤다. 농막 안으로 들어오니 방금 벌어진 일이 꿈만 같다. 우리는 살았지만, 절인 배추를 꾹꾹 눌러 담고 있는 고무통이 밤새 추위에 견딜 수 있을까. 바람소리가 아까보다 거세졌다.

텃밭에서 고무통은 나의 동반자다. 텃밭으로 끌어오는 계곡물도 고무대야가 집수정 역할을 한다. 물조리개가 이 밭 저 밭을 오르내리고 이 이랑 저 이랑을 건너다닐 수 있는 것도 고무통 정류장이 있어서다. 말린 참깨나 들깨를 털 때도 대야만큼 안성맞춤은 없다. 깻대를 거꾸로 쳐 박고 막대기로 두들겨주면 고무통은 한 톨도 놓치지 않고 고스란히 받아들인다. 내년 봄 진달래 개나리 필 때 먹을 무와 배추는 땅에 묻는다. 겨우내 먹으려면 신문지에 싸서 통에 보관하는데 저온창고 역할을 톡톡히 해낸다.

고무통은 슬픔도 같이 한다. 초저녁에 들개에게 물려 피지도 못하고 꺾여버린 새끼고양이 장례 때도 나를 거들었다. 가련한 마음 한량없지만, 죽은 자와 농막 안에서 하룻밤을 함께 보내기가 쉽지 않다. 시신을 마당 복판으로 옮겨 통을 덮어씌우고 자연석 한 개 눌러놓으니 훌륭한 영안실이 된다.

나의 오랜 친구 같은 고무통을 만났다. 경북 안동 권정생 작가의 생가마당이다. 눈에 익은 고무통 세 개가 산수유 그늘 아래 낮게 자라는 앵두나무 옆에서 나란히 뚜껑을 엉덩이에 뒤집어쓰고 엎어져 있다. 누가 보아도 집주인이 떠나고 없음을 단번에 알 수 있다.

생가가 선생을 닮았다. 방 한 칸 부엌 한 개, 더 이상 소박해질 수 없는 몸매다. 바싹 마른 슬레이트를 이고 있는 지붕에 달려있는 달개집은, 행여 선생의 옷자락이 젖을세라 가장자리에 양철로 만든 물받이를 부여잡고 있고, 마당을 딛고 선 쇠파이프 세 개는 처마를 받들고 있다. 비 내리는 날 아침, 하얀 고무신을 신은 선생이 처마 아래에서 마당을 내다보는 모습이 선하다. 마당은 약재상이다. 산수유 열매는 간과 콩팥을 튼튼하게 해준다. 근육과 뼈를 강화해 주는 두충나무가 큰 키를 자랑하고 있다. 나무 아래에 작은 숲을 이루고 있는 삼백초는 항암작용이 있다. 앵두가 혈액순환에 좋다는 사실은 요즘 사람들도 잘 모른다. 강인한 정신에 비해 아쉽게도 육체가 따라가지 못했던 선생이 건강에 신경을 썼던 흔적들이라 짠하다.

해설사의 권유로 회장인 내가 작가의 유언장을 소리 내어 읽었다. '권정생 동화나라 문학관' 벽면에 걸려있는 글귀다. 벽면 뒤에 숨겨져 있는 유언장 문구는 평생 홀몸으로 지낸 선생의 인간적인 면을 읽을 수 있다.

'다시 환생할 수 있다면 건강한 남자로 태어나고 싶다. 태어나서 22살이나 23살쯤 되는 아가씨와 연애를 하고 싶다. 벌벌 떨지 않고 잘할 것이다.'

선생이 생전을 더듬으며 빌뱅이 언덕을 오르고 있다. 퇴적암 부스러기로 비스듬히 닦여 불편한 몸으로 수시로 미끄러지기도 했던 두 자도 채 안 되는 너비의 길이, 군청에서 콘크리트 징검다리를 놓아준 후 훨씬 수월해졌다. 선생보다 빗물이 더 많이 지나다니는 도랑길이다. 방금 오른쪽에서 고무통 세 개가 어디가시냐고 묻는다. 내려오는 길에는 통들이 선생의 왼쪽 귀에 대고 소근 거린다.

선생 혼자이던 언덕을 우리는 떼를 지어 오른다. 언덕에 오르니 발아래로 보이는 지붕 너머 저 멀리 교회 십자가가 눈에 들어온다. 일찍이 선생이 종지기를 하며 살았던 곳이다. 한 시선 돌리니 붉어가는 느티나무에 기댄 은행나무 한 그루는 노랑물이 절정에 달했다. 선생과 30년 애틋한 교분을 나눈 이오덕 선생이 어깨를 겯고 있는 모습이다.

고무통은 선생이 옷장으로 사용했단다. 겨울옷과 여름옷, 그리고 봄가을옷을 담았을 게다. 통은 선생이 집을 비우자 자신들도 마당으로 나앉아 선생을 기다리는 듯 목을 길게 뽑고 있다. 고무통 활용에는 선생이 고수고, 나도 그 다음은 된다는 생각에 입 꼬리가 올라간다.

텃밭 마당이다. 물이 찰랑대는 고무통에 고양이 한 마리가 매달려 있다. 늘씬한 뱃가죽에 잘록한 허리는 그레이하운드를 닮았다. 뒷다리 두 개를 바닥에 꽂고 양손은 통 가장자리를 움켜쥐고 혀를 날름거리며 물을 마시는 모습이 앙증맞다. 그러고 보니 선생 집 마당에는 고양이 그림자가 없다.

녀석들도 선생 따라 동화나라 속으로 들어간 건 아닐까.

호박잎 한 장

간절하게 기다렸던 가을이 왔다. 여름 내내 축 늘어져 있던 호박잎도 찬바람이 불면 꼿꼿이 일어선다. 죽어가던 사람이 다시 생기를 찾은 것 같다.

지난여름은 고난의 날들이었다. 인색한 비에 목마르고 뙤약볕에 몸을 태우면서도 참고 견뎌낸 호박이 기세등등하다. 호박과 함께 무, 배추, 대파처럼 서늘한 것을 좋아하는 작물은 가을이 오면 활개를 친다.

호박은 오지랖이 넓다. 강인한 생명력으로 수박이나 참외의 대목으로 쓰인다. 농장 자투리땅에 심은 호박 한 구덩이가 서늘한 바람이 불면서 차츰차츰 이웃을 넘보더니 부추이랑과 고추밭까지 자기세상으로 만든다. 통통한 줄기를 뻗고 하얀 손을 내밀면서 마디마디 꽃과 잎을 다는 모습은 파죽지세이다. 줄줄이 달리는 애호박은 하루가 멀다 하고 몸을 불린다.

호박만큼 친근한 채소도 드물다. 열매는 말 할 것도 없고 잎의 용도도 무궁무진하다. 밥 위에 살짝 쪄서 양념장이나 젓갈로 쌈을 싸고, 된장국에 넣어 끓여도 입맛이 돈다. 민물고기 매운탕에 풀어 넣은 호박잎은 비린내를 없애면서 깊은 맛을 낸다.

민물고기 배를 딸 때 호박잎이 빠지면 안 된다. 붕어와 피리는 하얀 배 부분에 손톱칼질을 하고 창자와 부레가 매달린 내장을 꺼낸다. 두 눈을 부릅뜨고 온몸을 바르르 떠는 녀석과 눈을 맞추면 섬뜩하다. 한 마리 한 마리의 내장을 호박잎에 털어내면 금방 조그마한 산을 이룬다.

배따기가 끝나면 호박잎을 돌돌 말아 대문간 거름무더기에 묻으면 감쪽같다. 포슬포슬한 재거름이면 손가락 끝에 전해오는 촉감까지 부드럽다. 비린내를 잡고, 파리가 끓는 것을 막는다. 옛날에는 시냇물에 독약을 풀어 물고기를 잡는 일이 많았는데, 독이든 물고기 내장을 닭이나 개가 먹고 피해를 보는 일이 종종 있었다. 호박잎에 싸서 땅에 묻으면 가축을 보호하는 역할도 한다.

요즘은 상상도 못할 일이다. 맹독성 농약인 파라티온이나 청산가리를 남몰래 시냇물에 풀면 물고기가 거의 전멸한다. 하릴없이 물속을 이리저리 휘저어 다니는 사람은 의심해야 한다. 양말에 독약을 품고 있기 때문이다. 물가에서 허우적거리는 제법 큰 메기를 건져 윗도리에 끌어안고 누가 보면 큰일이라도 나는 줄 알고 집으로 달음박질친 일도 있다.

그때는 자연 스스로의 치유능력이 컸다. 대참사가 지나간 시내도 시간이 흐르면 언제 그랬냐는 듯 물고기가 돌아오고 평온을 되찾는다. 일 년에 한두 번, 목 좋은 곳은 서너 번씩 만행을 겪으면서도 생명의 끈을 놓지 않았다.

미꾸라지를 장만하는 데는 호박잎이 꼭 필요하다. 속이 깊은 그릇에 담고 소금을 뿌려두었다가, 거친 호박잎 몇 장을 말아 쥐고 문지르면 점액질이 깨끗이 제거된다. 닭똥집이나 돼지쓸개를 말릴 때도 호박잎을 깔았다. 지난여름 텃밭근처 용원수산시장에서 구입해 먹다 남은 조갯살을 호박잎에 말려보았는데 까칠까칠한 표면은 안성맞춤이었다. 파리가 끓지 않는 것은 신기할 정도였다.

추어탕은 가장 손쉬운 단백질 공급원이다. 미꾸라지 잡는 일은 그리 어렵지 않다. 된장을 넣은 통발로 잡는다. 요리조리 잘 빠져나가는 사람을 미꾸라지에 비유하지만 언젠가는 딱 걸려든다. 가을에는 물이 빠진 논바닥을 삽으로 파헤쳐 잡기도 한다. 호박잎이 사라질 때면 미꾸라지도 땅속 겨울잠에 들거나 깊은 물속으로 자취를 감춘다.

호박은 적절한 때에 사라질 줄도 안다. 천하를 덮을 것 같은 기세도 때가 되면 멈춘다. 마음껏 팔을 뻗고, 마디마다 땅바닥에 뿌리를 박으며 더 넓은 곳을 탐하다가도 첫서리가 내리면 하루아침에 모든 걸 내려놓는다. 나의 시대를 미련 없이 겨울에 넘긴다. 돈과 권력에 미련의 끈을 놓지 못하는 인간들과는 사뭇 다른 모습이다.

호박은 늘 가까이에 있었다. 장독대와 뒤뜰 거름무더기 옆이나, 재 넘어 고구마 밭 기슭에도 넝쿨이 뻗어나갔다. 온갖 잡초와 함께 자라면서도 불평 한마디 없이 오히려 그들을 품어준다. 편 가르기를 하는 인간 세상에 비하면 호박밭은 천국이다.

너무 가까이에 있어 푸대접을 하는 건 아닐까. 미인을 보고 보름달빛 아래 하얀 박꽃을 연상하고, 문학여행 때 들렀던 양동마을 초가지붕에도 호박은 보이지 않았다. 놀부와 흥부도 박을 가지고 티격태격 했다. 우리가 호박에 소홀한 것 같다.

있을 때 잘 하라고 했다. 늘 함께하고 쉽게 만나는 사람이라고 대접을 소홀히 해서는 안 된다. 박이 초가지붕 위에서 가을밤 달빛을 받으며 반딧불이하고 유희할 때, 호박은 풀숲에서 숨을 죽이고 귀뚜라미 소리를 듣고 있다. 자신을 내세우지 않으면서 묵묵히 살아가는 모습이다.

호박은 꽃도 풍성하다. 원색이면서 단순하게 보이지 않고, 싱겁게 크다 싶지만 밉지 않다. 꾸밈이 없어도 한가위 보름달을 닮았고, 굵은 호박벌이 꽃술에서 난장판을 쳐도 한 아름에 품어준다.

인생 언덕을 넘어서일까. 왠지 허전하고 아직도 미련이 남은 것 같다. 손가락 끝이 간질간질하다. 힘차게 뻗어나가는 호박순으로 착각한다. 아서라, 곧 서리가 내린다.

우리의 여사님들

길에서 우연히 어머니를 만났다. 몇 년 만인 것 같다. 긴 장화를 신었고 거북이보다 더 느린 걸음이다.

몇 발자국을 가다 쉬기를 되풀이한다. 등에는 봇짐이 얹혀있고 양손에도 무언가가 들려 있다. 나물이라면 가을에는 고들빼기 정도가 고작일 게다. 가까이에 텃밭이 있는지도 모를 일이다. 그러면 채소일 수도 있겠다.

버스정류장까지는 짧은 거리다. 노인에게는 천리 길 같을 거라는 생각이 들었다. 두리번거리며 노선버스 안내판을 살피는 모습이 안쓰러워 보인다. 잠깐 감전이 된듯했고 난 이미 도로를 건너 반대쪽에 와 있다. 내가 타야할 버스가 금방 도착했다. 삼십분 간격 시외버스다. 의자에 앉기도 전에 차창으로 그녀의 모습을 다시 한 번 보려했지만 이미 멀어졌다.

무엇에 홀린 것 같다. 어머니를 쏙 빼 닮았다. 돌아가신 어머니를 보듯 가슴이 찡하고 눈물이 핑 돌았다. 얼굴이나 체격이 다른데도 무엇이 나에게 그렇게나 닮아 보이게 했을까. 지하철로 바꿔 타고 집으로 돌아오는 길 내내 노인과 어머니의 얼굴이 겹쳐진다. 힘겨워 보였는데 전혀 도움을 못드린 게 한참동안 가슴을 저미게 했다.

노인의 모습에서 어머니가 떠올랐다. '먼저 먹었다, 많이 먹었다'는 어머니의 말을 늘 그대로 믿었다. 가족을 위해 아끼던 음식에서 어쩌다 쉰 냄새가 풀풀 나면 그때서야 찬물에 헹궈 자신의 입으로 가져갔다. 배를 자주 주무르던 모습을 보이다가 언제부터인가 익숙해져서인지 배앓이도 하지 않았다. 오늘은 꼭 기성회비를 가져가야한다는 아들 고집에 아침부터 이웃집을 드나들던 발걸음은 천근만근이었으리라.

어머니는 희로애락을 드러내지 않았다. 바위틈에서 뿌리를 내리는 나무였고 강풍에도 나뭇가지를 움켜쥐고 있는 칡넝쿨이었다. 너무 깊게 생각하지 않고 지난 일은 빨리 묻어버렸다. 아파도 아프다는 소리를 하지 않았다. 기뻐도 환하게 웃는 일이 없었고 슬퍼서 우는 모습도 본 적이 없다. 고무신을 신고 콩밭을 매다가 독사에 물리고도 그 아픔을 밤새 참다 이튿날 병원에 실려가 한 주간을 생사의 기로에 서기도 했다.

며느리가 시어머니 평가를 한다. '어머니는 단순해서 건강하게 오래 산다.'는 아내의 묘한 말에도 토를 달지 않았다. 아들도 며느리도, 이제는 손자까지도 당신을 '이귀분 여사'라고 부른다.

여사도 남편 먼저 보내고 인생 후반기로 접어들었다. 손자와 증손자들이 줄줄이 생기면서부터 조금 마음이 편해졌을지 궁금하다. 고된 농사일을 달래주던 막걸리를 유흥으로도 마실 줄 알게 되었다. 마을 청년회가 주최하는 온천나들이에서 틀니를 잃어버린 적이 있다. 막걸리 흥에 틀니가 집을 나간 것이다. 평생을 같이하던 막걸리를 아들과 손자들에게까지 전수한 덕분에 후손들 모두 막걸리에 남다른 애착을 가지게 되었다.

나물 보따리를 머리에 이고 장에 가던 모습이 선하다. 고향은 높은 산이 없어 산나물은 드물었다. 주로 손수 농사 지은 채소였는데 겨울 한 철 빼고는 늘 장에 들고 갈 물건이 있었다. 해질녘에 수확하여 밤 깊도록 손질을 하고 다음날 새벽에 버스를 타고 도회지시장을 다니곤 했다. 장에서 돌아온 어머니의 보따리에서 무엇이 나올까 궁금해 하던 시절이 지나고, 다 팔리지 않은 채소를 들고 들어오는 모습에 가슴 아픔을 알던 때까지 어머니의 채소장사는 계속되었다.

몇 해 전이다. 밤늦은 전철역 입구 가로등 아래에서 푸성귀를 팔던 할머니가 있었다. 퇴근길에 묻지도 따지지도 않고 채소를 사곤 했다. 신선도가 떨어진다는 이유로 아내가 두어 차례 핀잔을 주더니 이내 눈치를 챈다. 내가 들고 온 푸성귀를 아내가 다듬고 있는데 버려지는 부분이 더 많다. 나는 곁눈질을 하며 애꿎

게 텔레비전 채널만 돌리고 있고, 아내는 묵묵히 미나리를 손질한다. 말은 없었지만 두 사람 모두 이귀분 여사 생각을 하는 게 확실하다. 전철역 할머니도 언제부터인가 모습을 볼 수 없었다.

채소 팔아 만든 돈은 기성회비로 나갔다. 워낙 욕심 없이 살다 보니 남편복 자식복도 남들처럼 누리지 못했다. 고향마을에서는 아직까지도 가장 고생을 많이 한 사람으로 불리어진다. 유행가 '백세인생'이 사랑을 받기 이태 전에 백세를 몇 해 남기고 우리 곁을 떠난 이귀분 여사가 오늘따라 그립다.

길에서 우연히 만난 노인이 자꾸 아른거린다. 나물 보따리를 들어주지 못한 게 후회된다. 모두가 우리의 어머니들이다.

텅 빈 고갯길

늘 비어있는 고갯길이 있다. 내 고향 신동재(嶺)다. 아카시아 필 무렵이면 꿈속에서 가끔 들르는 곳이다. 아카시아 꽃은 온 산을 눈처럼 하얗게 물들이고 진한 향기는 벌들을 불러 모아 축제를 연다. 작은 언덕 하나 넘으면 도회지인데도 개발이 엄격히 제한되는 그린벨트 구역이라 자연경관이 살아있다.

고향은 산 높고 골 깊은 명승지가 아니다. 단지 마을 뒷산에 대각선으로 죽 그어진 도로가 있어 아카시아 필 무렵이면 더욱 선명하게 제 모습을 드러낸다. 나이가 들어 외지로 나오고 여행도 다니면서 고향산천이 더욱 왜소해 보였지만, 내 마음속에 차지하는 고향의 자리는 점점 넓어져 갔다.

추풍령은 기적도 울고 넘는 곳이다. 하지만 시작과 끝부분이 완만하여 고개로 느껴지지 않는데, 이름이 덜한 신동재는 된비알로 된 깔딱 고개라 사람도 숨이 찬다. 1960~70년대에는 경부

역전마라톤 대회가 있었다. 텔레비전으로 스포츠를 즐길 수 없던 시절이라 인기가 대단했다. 시도별 대표선수들이 며칠을 교대로 달리는 경기였다. 서울역에서 출발하여 부산역까지 달리고 다음해는 반대 코스로 달렸다. 학생들은 대회행렬이 지나가는 날은 수업 대신 도로변 응원이 우선이었다. 결승선에서 우승팀의 인터뷰 내용은 지금도 생생하다. 신동재 구간을 달린 마라토너들은 '마魔의 신동재'를 들먹이며 하나같이 땀을 쏟았다고 한다.

고개 가장 높은 곳에 나환자촌이 있었다. 버스도 정차를 꺼린다는 소문이 있을 정도로 멀리하던 곳인데 우리 마을 사람들은 그렇지 않았다. 우리 마을과 중간쯤 계곡에 있는 약수터를 함께 사용했다. 피부병에 좋다고 간이목욕까지 했던 기억이 있다. 산꼭대기에 자리 잡은 그 마을은 농사보다 양계를 주로 했다. 명절 때면 으레 아이들이 계란 심부름을 갔다.

소를 산에 풀어놓고 풀을 뜯겼다. 잃어버린 소를 찾아 그 마을에 들어갔다 우연히 만났던 누나만큼 예쁜 여자는 아직까지 본 적이 없다. 눈이 부셔서 얼굴을 바로 쳐다볼 수 없었다. 말 한마디 붙여보지 못한 게 지금도 한이 된다. 내 나이 열 살쯤이었는데 며칠 동안이나 가슴이 콩닥거렸다.

소를 먹이는 일은 할머니와 아이들 몫이었다. 땔감은 마을 형들과 조를 이뤘다. 미군차량이 지나가다 도로변에 앉은 할머니와 아이들을 보고 깡통맥주와 초콜릿을 주기도 했다. 초콜릿은 아이들의 입맛을 천상으로 이끌었고 '쪼꼴레또 기부 미' 라는 영어도 가르쳐주었다. 처음 보는 맥주깡통은 여럿이서 한참동안 머리를 맞대고서야 맛볼 수 있었다. 텔레비전에서 원숭이들이 그런 모습을 하는 걸 본 적이 있다.

도로변에 떨어진 담배꽁초를 주워 형들에게 상납했다. 가장 긴 꽁초를 바쳐 칭찬을 받는 날은 기분이 좋았다. 산모퉁이를 돌아 혼자 땔감을 하는 형에게 불이 붙은 담배심부름도 한다. 그냥 들고 가면 불이 꺼지니 조금씩 빨고 가라는 당부도 따른다. 불씨를 죽이지 않기 위해 입술로 살짝살짝 빨아 당겨야 한다. 몇 차례 콜록거리다보니 금방 익숙해졌다. 난생 첫 담배가 양담배였다.

고향 고갯길은 어린 아이들의 손에 용돈도 쥐어주었다. 진달래가 지천으로 피는 봄이면 꽃다발을 만들어 지나가는 자동차에 흔들어댄다. 한 다발에 5원이나 10원 정도를 받았다. 자가용이 귀하던 시절이라 주 고객은 미군들과 관용차량이었다. 산에서 땔감을 하여 울창한 숲이 없었던 터라, 햇볕과 이슬을 듬뿍 받고 자란 진달래는 꽃송이가 터질 것 같고 진한 색깔을 하고 있었다. 지금은 그런 탐스러운 진달래를 보는 게 쉽지 않다.

5일 장날이면 보부상들이 물주가 된다. 고개까지 이어지는 오르막길에 짐을 가득 실은 자전거를 밀어주면 기본 10원을 받는다. 이래저래 100원 이상을 벌어 재벌이 된 친구도 있었고, 거금을 어머니한테 고스란히 맡긴 친구는 오랫동안 효자소리를 들었다.

신동재에서는 5월이면 전국에서 하나뿐인 '아카시아벌꿀축제'가 열린다. 아름드리 아카시아 군락은 우리나라 최대의 밀원蜜源으로 양봉의 성지로 불린다. 전국 유일의 아카시아 나무 보호구역이기도 하다. '아카시아 꽃을 사랑합시다. 대한양봉협회 일동'이라는 보기 드문 현수막도 내걸린다. 삼각팬티 하나에 얼굴에는 눈만 남기고 꿀벌을 잔뜩 뒤집어쓰는 벌수염 사나이의 연기는 축제를 절정으로 끌어올린다.

축제기간은 온 산에 하얀 꽃눈이 내린다. 오르막내리막 시오리 고갯길 꽃 터널은 환상적이다. 꽃향기가 고개를 감싸고 윙윙거리는 벌들의 합창소리에 귀가 멍멍해진다. 두 번씩이나 새로 생긴 편리한 우회도로로 평소에는 재를 넘는 차량이 거의 없다. 산에 소 먹이러 가는 일은 더더욱 없다. 한 해 단 한번 축제날만 사람이 붐빈다. 아카시아 꽃이 지면 또 적막함만 남는다.

마음이 허전하면 흑백필름을 돌린다. 고향 고갯길이 배경이다. 빠른 속도로 돌려도 슬로우로 맞춰도 생시처럼 선명하다. 나환자촌 누나 얼굴은 그대로이고, 빙긋이 웃어주는 할머니 이마 주름 역시 세월이 흘러도 변함이 없다. 벌수염 사나이의 몸을 타고 스멀스멀 기어오르는 벌떼가 보인다. 진달래 꽃잎이 바람에 흩날리고 아카시아 꽃이 만발한 언덕은 늘 마지막 장면이다.

텅 비어있을 그 곳이 내 마음 속 화면에는 늘 꽉 차 있다.

삼백이 오천만을

끝이 없는 것 중 하나가 인간들의 욕심이다. 시간당 최고 속도 300km인 KTX가 평균속도 168km에 머무르고 있다고 투덜댄다. 칙칙폭폭 증기기관차에 비하면 가히 빛의 속도로 치켜세울 만치 경이로운 일인데도 사람들이 만족하지 못하고 있다.

내 고향 기찻길은 느림의 시간이었다. 지금 KTX가 달리는 그 경부선이다. 기차가 얼마나 천천히 달렸으면 안과 밖 사람들 간 소통이 가능했다. 창밖으로 온갖 잡동사니가 날아 나왔다. 담배꽁초는 기본이고 담뱃갑에 껌 포장지에다 과자봉지가 기찻길에 수북이 쌓였다. 화장실마저 즉석처리를 하는 바람에 철길 따라 걷는 아이들이 오물세례를 받기 일쑤였고, 여름이면 철길 주변에 개똥참외가 노란 꽃을 피웠다. 겨울에는 귤껍질을 주어 아이들 콧물감기를 다스렸는데 효험이 있었다. 귤껍질을 수북이 주워 면소재지 한약방에 가서 용돈으로 바꿔 어묵을 사먹었다는 친구도 있었다.

안에서 던지니 밖에서도 던졌나보다. 돌멩이가 달리는 열차를 향해 수시로 날아가는 바람에 문제가 되기도 했다. 원래 목표는 차창이 아니었다. '챙그랑 쫘악~' 철마鐵馬 바퀴에 맞은 돌이 튕겨 나올 때 내는 쇳소리와 바람소리에 쾌감을 느꼈다. 어둑어둑할 때면 불꽃놀이까지 함께 할 수 있다.

지금 생각하면 위험천만한 짓이었다. 던지던 초등학교 시절이 지나고 중학교에 들어가서는 인근 도회지로 기차통학을 했다. 난간에 매달려가던 친구가 날아온 돌에 맞아 이마에 피를 흘리기도 했다. '기차에 돌을 던지지 맙시다.' 전교생이 함께하는 운동장 조회시간 교장선생님 훈시에 수시로 등장하는 문구였다. 교실에 들어와서는 담임선생님이 '○○동, ○○동' 친구들을 지목하며 다시 한 번 당부한다.

남학생들이 돌 던지기에 가담했다. 남인수의 '울리는 경부선'에도 나온다. 아랫마을 친구 순이는 기차가 지나갈 때마다 손을 흔들어주었다. 순이가 옆에 있으면 남자아이들 손에 들려있던 돌멩이는 기차가 다 지나간 후 맥없이 땅바닥으로 떨어진다.

♪ 달려가는 철로가의 오막살이 양지쪽에

♪ 소꿉장난 하다말고 흔들어 주는 어린손길이

철길 머슴애들보다 팔매질을 더 잘하는 무리가 있다. 무궁화 금배지 단 사람들이다. 삼백 명이 오천만의 심기를 불편하게 한다. 늙다리 신참 가리지 않고 마주보고 밤낮으로 돌멩이나 오물덩이를 던져대고 피를 줄줄 흘린다. 철천지원을 가슴에 품은 원수처럼 극명하게 갈린 두 집단이 오로지 '표'를 보고 내달리니 국가대계와 국민행복을 위한 길과는 멀어지는 느낌이다. 표 한 장을 위해서라면 의리와 영혼까지 파는 개인들이 모여 이루어진 무리라 가히 괴물 수준이다.

새싹들도 금방 싹이 노래진다. 봄바람 불 때 보기에 싹이 괜찮으리라 기대했는데 토질이 나쁜지 물이 나쁜 건지 무리에 들어가기만 하면 실망을 준다. 총선을 앞두고 으레 신인을 유입하는데 하나같이 비범한 인물들이다. 이들 신참들이 돌 던지기를 제일 먼저 배우는 걸 보면 입이 다물어지지 않는다. 기대에 부응하는 새싹은 가뭄에 콩 나듯하다. 인재유입이 아니라 유인이나 유괴가 더 어울리겠다.

낚시 바늘을 문 인재들 역시 그 나물에 그 밥이다. 속성교육이라도 받는 걸까. 텔레비전에 패거리의 나팔수로 나와 조잘조잘해 대는 것들도 주로 신참들이다. 누가 보아도 양심이나 진실에 비추어 할 말이 있을 수 없음에도 미꾸라지 빠져나가듯 잘도 빠져나가는데, 언젠가는 국민들이 소금포대를 확 뿌려주어야 한다. 싹이 노란 게 만천하에 드러났는데도 진로를 바꾸기는커녕 돌 던지기에 앞장서고 있다. 본연의 자리를 지켰다면 훨씬 큰 인물로 자라 나라의 동량지재棟梁之材가 되었을 거라는 생각은 나뿐일까.

세상 밖 세상 같다. 인간세상 모든 게임에는 심판이 있는데 오합지졸 초법천지가 계속된다. 국민이 심판한다지만 역부족이다. 민의를 대변한다고 포장하면서 국민은 내팽개치고 자신들의 이익을 먼저 챙긴다. 저들만의 생각을 늘 국민의 뜻이라며 손바닥으로 하늘을 가리려한다. 유사 이래 저질러진 가장 참혹한 혹세무민이다. 국민화합은 뒷전이고 오히려 삼백이 오천에게 돌멩이를 쥐어주고 있다. 철길 옆에서 공기놀이 하던 아이들보다 못하다.

삼백 명 열차가 지나가면 옛 실력 한 번 발휘해볼까. 철길 주변 아이들이 사라지면서 돌 던지기도 옛날이야기 속으로 들어가 다행이다. 삼백이 오천만을 편안하게 해 준다면 장차 돌 맞을 일은 없을 텐데. 인간세상의 앞날은 모른다. 저들이 탈선에서 바른 길로 접어들 수도 있으리라. 희망은 버리지 말아야지.

다시 속도로 돌아간다. 요즘은 너도 나도 속도 경쟁에 빠져들고 있다. 중국 고속철은 350km로 달리고 있고, 일본은 시속 500km로 달리는 자기부상열차를 곧 선보인다고 한다. 우리도 빠질세라 속도를 높인다니 어지럼증이 일어난다. 삼백이 저런 걸타고 지그처럼 내달린다면 어떻게 될까. 아찔하다.

다음 고향 길에는 무궁화를 한 번 타야겠다.

설마

남을 의심하지 말라했다. 살아오면서 의심할 일이 손꼽을 정도로 있긴 했지만 그마저 '설마'로 지워버렸다. 남을 믿지 못해 고민해본 기억이 거의 없는데 이번은 다르다.

텃밭에는 두 종류의 물이 있다. 먹는 물과 농사용 물이다. 도회지처럼 상수도 시설이 없어 계곡물을 끌어 쓴다. 밥을 짓거나 음식을 조리 할 때는 계곡물을 사용한다. 다행히 폭포수 아래 바위틈을 타고내리는 석간수가 수원지다. 상류에 인적이 없어 안심해도 된다. 간혹 소량의 물을 쓸 때는 생수를 사용한다. 라면이나 커피를 끓일 때다.

생수로 라면을 끓였다. 커피포트로 끓인 물을 냄비에 넣고 끓이면 시간이 단축된다. 포트에 생수를 따르고 스위치를 넣자마자 이상하다. 속이 불편한지 골골하는 소리가 들리고, 무어라 할 말이 있는 듯 뚜껑이 입을 열 듯 달싹거린다. 평소와 좀 다르긴 했지만 무슨 일이 있겠냐 싶어 그냥 까뭉갰다.

폭발음과 함께 포트가 요동을 친다. 급한 나머지 전기코드를 낚아챘다. 물이 끓어 넘쳐 주변이 흥건하다.

일인분에 딱 맞는 빨간 냄비가 있다. 라면 한 개를 감당할 수 있도록 포트에 남아 있는 물을 옮겨 담고 생수를 추가했다. 설마 하며 라면을 끓이는데 오늘따라 왠지 감이 이상하다. 그래도 무조건 고다. 라면을 끓이다 멈추면 죽도 밥도 아니 된다. 김치를 썰어 넣고 대파와 계란을 풀면 완성이다. 아싸, 젓가락 장단을 한 번 맞추고 향을 맞는 데 코끝이 시큼하다. 또 한 번 설마, 면발을 젓가락에 휘감아 입으로 넣자마자 혓바닥이 돌돌 말린다.

무엇이 잘못되었다. 미친 듯이 날뛰던 커피포트가 문제인 듯하다. 전원에 이상이 생겨 전자파가 흘러 물에 스며들었나. '전자파로 몸이 튀겨진다.'로 이 땅이 프라이팬 식용유 끓듯 했던 때가 있었다. 있을 수 없는 일이다. 당황하다보니 원인분석이 제대로 되지 않는다. 어쨌든 커피포트를 의심하지 않을 수 없어 폐기처분하기로 마음먹고 밖으로 내쳤다.

다음날 아침 커피가 당긴다. 패트병에는 아직도 커피를 끓이고도 남을만한 생수가 남았다. 어제 사고를 친 커피포트를 사용할 수 없어 소형주전자에 물을 끓였다. 커피향을 음미하는데 콧구멍을 푹푹 찌른다. 어제 일이 떠오르면서도 또 한 번 설마가 발동한다. 한 모금을 입으로 흘려 넣자마자 또 혀가 말린다.

그제야 페트병 생수가 의심스럽다. 아니나 다를까 바닥에 조금 남아 있는 생수병 뚜껑을 열고 코를 대어보니 푹 쏜다. 눈으로 보니 생수와 꼭 같이 내용물이 투명하다. 순간 제조사가 의심이 간다. 요즘 분리수거를 위해 비닐상표를 떼고 나오는 페트병이다. 내용물이 더욱 의심스럽다. 공장에서 나올 때부터 유독물질이 섞여 있었나.

분명 생수는 아니다. 텃밭에 농약병이 더러 있지만 농약은 모두 냄새에 앞서 특유의 색상이 있다. 농약도 아니다. 하지만 혀가 말린다. 그럼 무엇인가. 사람을 죽이는 백색가루에 무색 독극물이 있다고 했던가. 의심이 꼬리를 잇다 밝히는 게 있다.

남편을 서서히 중독사시킨 텔레비전 뉴스가 떠오른다. 전 남편뿐만 아니라 재혼한 남자도 원인불명으로 시름시름 앓다 결국 죽었다는 소문도 떠돌았다. 이번 설마는 잘못되면 정녕 사람을 잡을 수 있다. 농막을 드나드는 사람은 아내와 나 둘뿐이다. 아무리 머리를 짜보아도 특이한 물질을 페트병에 담아둔 기억이 없다. 그럼 누구인가, 아내뿐이다. 뛰는 가슴을 손으로 억누른다.

흉한 기억 하나가 또 떠오른다. '피보다 돈'이라는 기사다. 고액사망보험금을 노린 사기사건 피해자의 65%가 남성이고 가해자 중 44%가 배우자라고 한다. 설마…, 사람 마음속은 열 길이라 했다.

조심스럽게 아내에게 전화를 돌렸다. 그 짧은 시간에도 고액의 생명보험에 가입한 일이 없다는 사실이 위안이 된다. 혹시 아내가 나 모르게, 아니다 그럴 여윳돈이 있어본 적이 없다. 그래도 살얼음을 걷는 기분이다. 얼음이 깨지면 돌이킬 수 없다는 생각에 이르자 말까지 꼬인다. 정신을 바짝 차리고 조심조심 말을 이어가는데 아내가 중간을 싹둑 자른다.

아내가 페트병에 무얼 넣었다고 이실직고한다. 무슨 날벼락인가. 그러면 그렇지. 아직 내 코와 혀가 살아있구나. 안도도 잠시, 쇠망치가 녹슨 머리를 내리친다. 조금만 신중했더라면 오두방정을 떨지 않아도 될 일이었다. 텃밭에서 나오는 약재로 가끔 약술을 만든다. 담금주는 30도짜리 소주를 사용한다. 3리터나 5리터 페트병에 담긴 소주로 술을 담그고, 남은 것을 1.8리터 생수용 페트병에 따라놓았단다. 행여 생수로 알고 벌컥 들이킬까 봐 제일 구석에 두었다는 말까지 따라온다. 30도짜리 소주로 라면을 끓이고 커피를 탔으니 콧구멍이나 혓바닥이 온전할 리 만무하다.

커피포트를 다시 들여와 생수를 부었다. 아무 일도 없었던 듯 조용하게 물이 끓는다. 설마 소란이 이틀 만에 끝이 났다.

남을 의심하는 버릇을 아직도 못 버리고 있었던가. 모든 게 내 안에 있다. 무뎌진 머리는 어떻게든 좀 벼려야겠다.

하얀 밤에
까만 생각

인쇄일 2024년 5월 31일
발행일 2024년 6월 05일

지은이 박노욱
펴낸이 박철수
펴낸곳 도서출판 해암

등록번호 제325-2001-000007호
주소 부산시 중구 대청로 138번길 9 (대원빌딩 302호)
전화 051)254-2260
팩스 051)246-1895
메일 haeambook@daum.net

ISBN 978-89-6649-246-6 03810

값 15,000원

부산문화재단

* 본 사업은 2024년 부산광역시 부산문화재단 (부산문화예술지원사업)으로 지원을 받았습니다.